DEUS

Face a face com sua Majestade

Embora este livro seja planejado para o prazer e benefício pessoal do leitor, também é destinado para estudo. Um guia para estudos pessoais e em grupos encontra-se ao final deste texto.

JOHN MACARTHUR

DEUS

Face a face com sua
Majestade

Dados Internacionais de Catalogação na Publicação (CIP)
(Câmara Brasileira do Livro, SP, Brasil)

MacArthur, John
  Deus : face a face com sua majestade / John F. MacArthur, Jr., ; [tradução Waléria de Almeida Coicev]. -- São José dos Campos, SP : Editora Fiel, 2013.

  Título original: God : coming face to face with His Majesty.
  ISBN 978-85-8132-040-3

  1. Deus 2. Deus - Ensinamento bíblico
  3. Palavra de Deus I. Título.

12-14437   CDD-231

  Índices para catálogo sistemático:
  1. Deus : Teologia bíblica 231

Deus
Face a Face com sua Majestade

Traduzido do original em inglês:
God: Coming Face to Face with his Majesty
por John F. MacArthur Jr.
Copyright©1993 by John F. MacArthur Jr.

∎

Publicado em português com permissão de *Grace to You ministries*.

Copyright©2012 Editora FIEL.
1ª Edição em Português: 2013

Todos os direitos em língua portuguesa reservados por Editora Fiel da Missão Evangélica Literária
PROIBIDA A REPRODUÇÃO DESTE LIVRO POR QUAISQUER MEIOS, SEM A PERMISSÃO ESCRITA DOS EDITORES, SALVO EM BREVES CITAÇÕES, COM INDICAÇÃO DA FONTE.

∎

Diretor: Tiago J. Santos Filho
Editor: Tiago J. Santos Filho
Tradução: Waléria de Almeida Coicev
Revisão: Ingrid Rosane de Andrade Fonseca
Diagramação: Wirley Corrêa - Layout
Capa: Rubner Durais
ISBN: 978-85-8132-040-3

FIEL
Editora

Caixa Postal, 1601
CEP 12230-971
São José dos Campos-SP
PABX.: (12) 3919-9999
www.editorafiel.com.br

Sumário

Introdução 7

1 — Nosso Deus Triúno 13

2 — Nosso Deus Fiel e Imutável 29

3 — Nosso Deus Santo 45

4 — Nosso Deus Onisciente 59

5 — Nosso Deus Onipresente 75

6 — Nosso Deus Onipotente 91

7 — A Ira de Nosso Deus 109

8 — A Bondade de Nosso Deus 125

9 — Nosso Deus Soberano 139

10 — Deus, Nosso Pai 153

11 — A Glória de Nosso Deus 169

12 — A Adoração ao Nosso Deus 181

Guia para Estudos Pessoais e em Grupo 195

Introdução

Há uma antiga fábula sobre seis homens, cegos de nascença, que viviam na Índia. Um dia, eles decidiram visitar um palácio na vizinhança. Quando chegaram lá, havia um elefante em pé no pátio. O primeiro homem cego tocou o lado do elefante e disse: "Um elefante é como uma parede". O segundo cego tocou sua tromba e disse: "Um elefante é como uma cobra". O terceiro cego tocou sua presa e disse: "Um elefante é como uma lança". O quarto homem cego lhe tocou a perna e disse: "Um elefante é como uma árvore". O quinto cego tocou a orelha e disse: "Um elefante é como um leque". O sexto homem cego tocou-lhe a cauda e disse: "Um elefante é como uma corda". Devido ao fato de cada cego ter tocado apenas uma parte do elefante, nenhum deles podia concordar a respeito de como um elefante era de fato.

Trazendo essa analogia para o âmbito espiritual, muitas pessoas têm ideias erradas sobre o que Deus realmente é. Crer em algo errado acerca de Deus é uma questão muito séria, porque é idolatria. Isso o surpreende? Ao contrário da crença popular, a idolatria é mais do que se curvar diante de uma pequena imagem ou adorar num templo pagão. Segundo a Bíblia, idolatria é pensar qualquer coisa sobre Deus que não seja verdadeira ou tentar transformá-Lo em algo que Ele não seja.

O próprio Deus chamou a atenção para a falácia da idolatria dizendo do homem: "Pensavas que eu era teu igual" (Sl 50.21). Devemos ser cautelosos para não pensar em Deus em nossos termos ou alimentar pensamentos que sejam indignos dEle. É perigosamente fácil fazer ambas as coisas.

Voltaire, o agnóstico francês, disse certa vez que Deus criou o homem à sua imagem e semelhança, e este lhe pagou na mesma moeda. Um autor escreveu: "Isso não é verdade apenas em relação aos ímpios, mas os cristãos muitas vezes são também culpados do mesmo erro". Porque somos seres finitos, temos a tendência de perceber o infinito à luz de nossas próprias limitações. Até mesmo as Escrituras apresentam a verdade por meio de uma linguagem e de pensamentos que possam se acomodar à nossa compreensão humana. Mas, embora nos fale em nosso nível, a Bíblia também nos encoraja a ir além de nossas limitações e a ter pensamentos elevados sobre Deus.

> É essencial que nossas ideias sobre Deus correspondam, o mais próximo possível, ao que Ele é realmente. Em vez disso, geralmente colocamos Deus numa caixa — e nossa caixa é incrivelmente pequena! Temos a tendência de deixar que nossa cultura, em vez de nosso Criador, determine os nossos valores. Esses valores influenciam nossos pensamentos

acerca de Deus e moldam a maneira como nos relacionamos com Ele em nossa experiência diária.[1]

A única maneira de saber como Deus é exatamente é descobrindo o que Ele revelou sobre Si mesmo nas Escrituras. A revelação da natureza de Deus é constituída de diferentes categorias de atributos, os quais são definições de Seu caráter.

O que as Escrituras dizem a respeito de Deus? Para começar, no sentido mais completo da palavra, Ele é incompreensível. Zofar compreendeu bem esse fato na repreensão inadequada que ele fez contra Jó: "Porventura, desvendarás os arcanos de Deus ou penetrarás até à perfeição do Todo-Poderoso? Como as alturas dos céus é a sua sabedoria; que poderás fazer? Mais profunda é ela do que o abismo; que poderás saber? A sua medida é mais longa do que a terra e mais larga do que o mar. Se Ele passa, prende a alguém e chama a juízo, quem o poderá impedir?" (Jó 11.7-10). Davi colocou desta maneira: "Grande é o SENHOR e mui digno de ser louvado; a sua grandeza é insondável" (Sl 145.3). Deus é infinito — Ele não tem fim.

A fim de definir o Deus infinito de uma maneira que possamos entender, muitas vezes temos que afirmar aquilo que Ele não é, para termos uma base de comparação. Por exemplo, quando dizemos que Deus é santo, queremos dizer que Ele não tem pecado algum. Não poderemos conceber uma santidade absoluta visto que estamos tão familiarizados com pecado. À medida que estudarmos sobre Deus nos capítulos seguintes, usaremos essa abordagem muitas vezes, para que possamos obter uma compreensão mais ampla de Seus atributos-chave.

---

1 Gregg Cantelmo, "Criminal Concepts of God" in *Masterpiece* ["Conceitos Criminosos sobre Deus" em Obra-prima], setembro/outubro de 1989, p. 5.

Saber como é Deus é fundamental para conhecermos o próprio Deus. E o conhecimento de Deus é a essência do que é ser cristão. O apóstolo João escreveu: "E a vida eterna é esta: *que te conheçam a ti*, o único Deus verdadeiro, e a Jesus Cristo, a quem enviaste" (Jo 17.3, grifo meu). Quando a maioria das pessoas ouve o termo *vida eterna*, elas pensam numa vida que dura para sempre. Mas as Escrituras afirmam que ela é mais do que isso, é uma qualidade de vida para a pessoa que conhece a Deus.

Tragicamente, muitos crentes hoje têm colocado suas afeições nas coisas temporais deste mundo, trocando seu grande privilégio de conhecer melhor a Deus por aquilo que é mundano. O próprio Deus reprova esse tipo de pensamento, pois Ele declarou: "Não se glorie o sábio na sua sabedoria, nem o forte, na sua força, nem o rico, nas suas riquezas; mas o que se gloriar, glorie-se nisto: em me conhecer e saber que eu sou o SENHOR e faço misericórdia, juízo e justiça na terra; porque destas coisas me agrado, diz o SENHOR" (Jr 9.23-24).

Em que o Senhor se deleita? Não é no fato de nos vangloriarmos pela sabedoria mundana, pelas proezas humanas ou pelo ganho material. Ele se deleita no fato de o conhecermos. Em seu livro, *A Heart for God* [Um Coração para Deus], Sinclair Ferguson inquire:

> De que você e eu nos gabamos? Que assunto de conversa mais nos estimula e enche os nossos corações? Consideramos que o fato de conhecermos a Deus é o maior tesouro do mundo e, de longe, o nosso maior privilégio? Caso contrário, somos nada mais do que pigmeus no mundo do Espírito. Vendemos nossa primogenitura cristã por um guisado de

lentilhas, e nossa verdadeira experiência cristã será superficial, inadequada e tragicamente desfocada.²

Em vez de vendermos nossa primogenitura espiritual, devemos aprender a dizer como Davi: "Ó Deus, tu és o meu Deus forte; eu te busco ansiosamente; a minha alma tem sede de ti; meu corpo te almeja, como terra árida, exausta, sem água... para ver a tua força e a tua glória" (Sl 63.1-2).

Embora este livro não seja um estudo exaustivo sobre o caráter de Deus, creio que o ajudará a saber como Deus é e servirá como um incentivo para que você o conheça melhor. Leia as páginas seguintes em atitude de oração. As Escrituras prometem que você encontrará Deus "quando o buscar de todo o seu coração e de toda a sua alma" (Dt 4.29).

Aprenda a dizer como o Apóstolo Paulo: "Meu alvo determinado é poder conhecê-Lo — para que eu possa progressivamente me tornar mais profunda e intimamente familiarizado com Ele e possa perceber, reconhecer e entender as maravilhas de Sua pessoa de modo mais intenso e claro" (Fl 3.10, explicado).

---

2 Sinclair Ferguson, *A Heart for God*, Carlisle, Pa.: Banner of Truth Trust, 1987, p. 4.

Capítulo 1

Nosso Deus Triúno

Quem é Deus? Em seu livro *The Future of an Illusion*[1], Sigmund Freud, o pai da psicanálise, disse que Deus é uma invenção do homem. Ele escreveu: "precisamos desesperadamente de segurança porque temos medos profundos de viver num mundo ameaçador, no qual temos pouco controle sobre nossas circunstâncias". Ele alegou que inventamos Deus como um pai protetor e sugeriu três razões pelas quais fazemos isso.

A primeira razão é porque temos medo da natureza — temos medo de sua imprevisibilidade, impessoalidade e crueldade. E, porque todos nós percebemos a realidade assustadora das doenças, da fome e dos desastres, contra a qual temos apenas uma defesa nominal, Freud assumiu que criamos a hipótese de um ser sobrenatural que pode nos libertar.

---

[1] Sigmund Freud, *The Future of an Illusion*, New York: W.W. Norton, 1961, traduzido para o português como *O Futuro de uma Ilusão*.

Para ilustrar isso, imagine um nativo que vive numa ilha vulcânica. De repente ele ouve um estrondo, e o chão começa a tremer. Ele sai de sua cabana e vê a lava irrompendo do topo do vulcão. Percebe que escorar sua cabana e confortar sua esposa e filhos não ajudará. Visto parecer não haver saída alguma, ele recorre à procura de um ser sobrenatural para salvá-lo do terror da natureza.

Freud afirmou que outra razão para inventarmos Deus é o medo que temos dos relacionamentos. Porque as pessoas geralmente se sentem usadas pelas outras, Freud assumiu que seria natural evocarem um árbitro divino — um Deus cósmico com um super apito, que interrompe o jogo no final e penaliza as pessoas pelo que fizeram. Ele teve o bom senso de observar que todos nós queremos alguém que possa corrigir os erros da injustiça.

Freud também atribuiu essa suposta invenção de Deus ao medo da morte. Ele alegou que queremos um Pai Celestial que nos levará a um lugar feliz, ao qual chamamos de Céu. É difícil encarar o fato de que poderemos deixar de existir para sempre.

O que dizer das reivindicações de Freud? O que devemos pensar delas? Para início de conversa, seu ponto de vista sobre a religião é muito simplista. Faz parte da natureza humana preferir que Deus *não* exista. A primeira coisa que Adão e Eva fizeram depois de pecar foi se esconder de Deus (Gn 3.8). Estar livre do Deus que chama os pecadores para uma prestação de contas tem sido um alvo constante da humanidade ao longo da história.

O apóstolo Paulo afirma que todos sabem da existência de Deus, "porquanto o que de Deus se pode conhecer é manifesto entre eles, porque Deus lhes manifestou. Porque os atributos invisíveis de Deus, assim o seu eterno poder, como também a sua própria divindade, claramente se reconhecem, desde o princípio do mundo, sendo percebidos por meio das coisas que foram criadas. Tais homens são, por isso, indesculpáveis" (Rm 1.19-20). Esse conhecimento de Deus está implantado dentro de cada pessoa, e a existência de Deus é um fato abundantemente evidente na criação.

No entanto, apesar de cada homem e mulher na Terra saberem da existência de Deus, eles desprezam o conhecimento de Deus (v. 28). Eles rejeitam a autorrevelação de Deus e se recusam a reconhecer Seus atributos gloriosos. Freud estava errado: as pessoas não querem inventar o Deus verdadeiro, em vez disso, elas desejam negar Sua existência.

Além disso, um exame cuidadoso das religiões do mundo revela que os deuses gerados por elas raramente são do tipo libertador, mas geralmente possuem uma natureza opressora que precisa de contínuo apaziguamento. As mulheres na Índia que afogam seus bebês no rio Ganges não pensam em seu deus como um deus salvador, mas como um ogro amedrontador a quem devem agradar. Os deuses das falsas religiões não são deuses protetores, são deuses que devem ser temidos. Se as pessoas inventam deuses, elas certamente inventam os do tipo errado! Na verdade, o Salmo 106 deixa claro que tais "deuses" são, na verdade, demônios (vv. 36-37; cf. com Sl 96.5).

O VERDADEIRO DEUS

Contrastando com Sigmund Freud, estão os crentes, que aceitam a existência de Deus pela fé. O princípio da fé é este: "é necessário que aquele que se aproxima de Deus creia que ele existe" (Hb 11.6). Isso envolve mais do que simplesmente acreditar que existe um Deus. Significa acreditar no único Deus verdadeiro, conforme revelado nas Escrituras.

No Antigo Testamento, o Senhor ensinou a Jó uma lição sobre a fé, dizendo:

> *Onde estavas tu, quando eu lançava os fundamentos da terra?*
> *Dize-mo, se tens entendimento.*
> *Quem lhe pôs as medidas, se é que o sabes?*
> *Ou quem estendeu sobre ela o cordel?*
> *Sobre que estão fundadas as suas bases*
> *Ou quem lhe assentou a pedra angular,*
> *Quando as estrelas da alva, juntas, alegremente cantavam,*
> *E rejubilavam todos os filhos de Deus?*
>
> Jó 38.4-7

O Senhor estava dizendo: "Jó, você não sabe nada, exceto o que você sabe pela fé. Você não estava por perto. Você não tem resposta alguma, senão aquelas que Eu lhe dou, e você pode acreditar nelas ou não". Ter fé é crer que aquilo que Deus diz é verdade. O conteúdo da fé cristã é a Palavra revelada de Deus.

Algumas pessoas querem provar a existência de Deus através da Ciência. Por mais valiosa que a Ciência seja, ela tem seus limites. Paul Little destacou:

> Pode-se dizer, com a mesma ênfase, que não se pode "provar" a existência de Napoleão pelo método científico. A razão disso reside na natureza da própria história e nas limitações do método científico. A fim de que algo seja "provado" pelo método científico, ele deve ser repetido. Ninguém pode anunciar uma nova descoberta para o mundo com base num único experimento.
>
> Mas a história, por sua própria natureza, não é algo que possa ser repetido. Nenhum homem

pode "reprisar" o início do universo ou trazer Napoleão de volta ou repetir o assassinato de Lincoln ou a crucificação de Jesus Cristo. Mas o fato de que esses acontecimentos não possam ser "provados" pela repetição não desmente sua veracidade como acontecimentos.[2]

Não podemos aplicar o método científico para tudo; isso simplesmente não funciona. Não podemos colocar o amor, a justiça ou a ira num tubo de ensaio, entretanto, eles são obviamente reais. Embora não possamos provar a existência de Deus a partir da Ciência, existem abundantes evidências científicas e racionais que tornam razoável acreditar em Deus e em Sua Palavra — você pode ler sobre isso em meu livreto *You Can Trust the Bible*[3] [Você Pode Confiar na Bíblia]. No entanto, após considerarmos o "x" da questão, a vida cristã se resume à fé. A pessoa tem que dizer no final: "eu creio".

Como crentes, reconhecemos que Deus existe. Mas conhecemos o Deus que existe? Sabemos como Ele é? Se quisermos aprender sobre Ele, devemos nos voltar para as Escrituras porque é nelas que Ele se revela a nós.

DEUS É UM SER PESSOAL

Albert Einstein[4] admitiu a existência de uma força cósmica no universo, mas concluiu que ela é incognoscível. Ele estava lamentavelmente enganado. Deus é cognoscível, pois Ele disse: "Buscar-me-eis e me achareis quando me buscardes de todo o vosso

---

2 Paul Little, *Know Why You Believe*, Downers Grove, Illinois: InterVarsity, 1968, p. 8, traduzido para o português como *Certeza: Saiba Porque Você Crê*, São Paulo: Cultura Cristã, 1999).
3 John MacArthur, *You Can Trust the Bible*, Chicago: Moody, 1988.
4 Albert Einstein, Cosmic Religion [A Religião Cósmica], New York: Covici, Friede, 1931, pp. 47-48.

coração" (Jr 29.13). O apóstolo Pedro disse aos crentes: "crescei na graça e no *conhecimento* de nosso Senhor e Salvador Jesus Cristo" (2 Pe 3.18, grifo meu). Ele não teria dito isso se não fosse possível fazê-lo.

Deus é cognoscível porque Ele é um ser pessoal. A Bíblia usa títulos pessoais para descrevê-Lo como *Pai, Pastor, Amigo* e *Conselheiro*. A Bíblia também usa pronomes pessoais para se referir a Deus. Os textos hebraicos e gregos se referem a Deus como "Ele", nunca como "isto". Sabemos também que Deus é um Ser pessoal porque Ele pensa, age, sente e fala — Ele se comunica.

DEUS É UM SER ESPIRITUAL

O fato de a natureza da essência de Deus ser espiritual está implícito na afirmação: "Deus não é homem" (Nm 23.19). Jesus declarou: "Deus é espírito; e importa que os seus adoradores o adorem em espírito e em verdade" (Jo 4.24). O que significa "espírito"? O teólogo Charles Hodge explicou desta maneira:

> É impossível... superestimar a importância da verdade contida na simples afirmação: "Deus é Espírito". O que está envolvido nessa afirmação é que Deus é imaterial. Nenhuma das propriedades da matéria pode ser atribuída a Ele. Ele não é ampliável, ou divisível, ou composto, ou visível, ou tangível. Não tem volume nem forma... Portanto, ao revelar que Deus é Espírito, a Bíblia nos revela que nenhuma característica da matéria pode ser atribuída à essência divina.[5]

---

5 Charles Hodge, *Systematic Theology*, edição abreviada, Grand Rapids: Baker, 1988, pp. 138-39, traduzido para o português como *Teologia Sistemática*, São Paulo: Hagnos, 2001.

Embora Deus não seja material, a Bíblia o descreve de uma forma material:

> São os olhos do SENHOR, que percorrem toda a terra.
> Zc 4.10
> Acaso, se encolheu tanto a minha mão, que já não pode remir?
> Is 50.2
> O teu braço é armado de poder, forte é a tua mão, e elevada, a tua destra.
> Sl 89.13

Chamamos essas descrições de *antropomorfismos*. Essa palavra deriva de duas palavras gregas: *antropos* (homem) e *morfé* (forma). Deus se refere a si mesmo na forma humana, não porque Ele seja material, mas para se adaptar ao nosso entendimento finito.

O fato de Deus ser um ser espiritual significa que Sua essência é invisível. O apóstolo Paulo escreveu: "ao Rei eterno, imortal, invisível, Deus único, honra e glória pelos séculos dos séculos" (1 Tm 1.17). Mas no Antigo Testamento, Deus se fez representar pelo próprio Shekinah —a luz divina, o fogo e a nuvem. E no Novo Testamento, Ele representou a si mesmo na forma humana de Jesus Cristo (Jo 1.14, 18). Mas essas revelações visíveis não revelam a totalidade ou a plenitude da natureza da essência de Deus.

DEUS É UM

No Antigo Testamento, encontramos a afirmação chocante: "Vós sois deuses" (Sl 82.6). Isso significa que há, de fato, muitos deuses? Não. Deus estava falando aos juízes humanos da nação de Israel. Como representantes de Deus, eles receberam a grande honra de julgar o povo em nome dEle. Essa é uma referência ao ofício deles, e não à sua essência. Isso fica óbvio a partir do versículo 7, que diz que eles, assim como todos os homens, estão sujeitos à morte.

Há um, somente um, Deus verdadeiro, não muitos. Moisés deixou isso claro ao dizer: "Ouve, Israel, o SENHOR, nosso Deus, é o único SENHOR" (Dt 6.4). Essa verdade foi fundamental para as convicções religiosas de Israel. Por viverem em meio a sociedades politeístas, era vital que eles dedicassem sua fidelidade ao único Deus verdadeiro. Deus disse: "Eu sou o primeiro e eu sou o último, e além de mim não há Deus" (Is 44.6). Deus é um Deus zeloso (Êx 20.5), o que significa que somente Ele deve ser adorado.

No Novo Testamento, Cristo identificou-se corretamente como Deus. No entanto, Ele não estava afirmando ser outro deus, pois repetiu o ensinamento de Moisés:

> *Respondeu Jesus: O principal é: Ouve, ó Israel, o Senhor, nosso Deus, é o único Senhor! Amarás, pois, o Senhor, teu Deus, de todo o teu coração, de toda a tua alma, de todo o teu entendimento e de toda a tua força.*
>
> Mc 12.29-30

Cristo disse que devemos amar a Deus com um compromisso integral e, ao mesmo tempo, Ele alegava ser esse mesmo Deus. Se Cristo estivesse alegando ser *outro* Deus, Ele nunca faria uma afirmação dessas. Ele teria que ter dito: "Divida sua lealdade entre nós dois". Você pode amar a Deus com tudo o que você tem para oferecer porque não existe outro deus com quem você possa compartilhar o seu amor.

A unicidade de Deus é uma doutrina importante, a qual Paulo enfatizou várias vezes. Em sua primeira carta aos Coríntios, ele escreveu:

> *Não há senão um só Deus. Porque, ainda que há também alguns que se chamem deuses, quer no céu ou sobre a terra, como há muitos deuses e muitos senhores, todavia, para nós há um só Deus, o Pai, de quem são todas as coisas e para quem existimos; e um só Senhor, Jesus Cristo, pelo qual são todas as coisas, e nós também, por ele (8.4-6).*

O que Paulo estava dizendo? Que recebemos todas as coisas tanto do Pai como de Cristo. Como isso pode ser assim? Porque, em essência, Eles são um e a mesma pessoa. Deus é um.

A universalidade do Evangelho está inseparavelmente ligada à unicidade de Deus, pois Paulo escreveu:

> *É, porventura, Deus somente dos judeus? Não o é também dos gentios? Sim, também dos gentios, visto que Deus é um só, o qual justificará, por fé, o circunciso e, mediante a fé, o incircunciso.*
> Rm 3.29-30

Há um, somente um, Deus verdadeiro, e porque é assim, todos devem vir a Ele para a salvação. Paulo disse: "Porquanto há um só Deus e um só Mediador entre Deus e os homens, Cristo Jesus, homem" (1 Tm. 2.5). A Bíblia deixa claro que há somente um Salvador — Deus. Somente Ele é a fonte de salvação para todas as pessoas. A epístola de Tito se refere a Deus como Salvador por três vezes, o mesmo número de vezes que ela também se refere a Jesus como Salvador.

DEUS É TRÊS

Deus é um só, contudo, Ele existe não como dois, mas como três Pessoas distintas. Isso é um mistério sem precedentes em nossa experiência. Algumas pessoas tentam explicá-lo usando ilustrações terrenas. Elas salientam que um ovo é um, mas é constituído de três partes: uma casca, uma clara e uma gema; ou observam que a água é uma substância, no entanto, pode existir em três estados: sólido, líquido e gasoso.

Essas comparações ajudam um pouco, mas nenhuma ilustração pode fazer jus à Trindade. O nosso Deus triúno e majestoso está muito além de meros ovos ou água! Sua grandeza é infinita, e nunca poderemos compreendê-la totalmente. Devemos simplesmente aceitar o ensinamento claro das Escrituras. O que exatamente as Escrituras dizem sobre a Trindade?

O ENSINO DO ANTIGO TESTAMENTO SOBRE A TRINDADE

O Antigo Testamento expressa a pluralidade da divindade em suas palavras iniciais: "No princípio... Deus" (Gn 1.1). A palavra hebraica traduzida por "Deus" é *Elohim*. O sufixo plural "*im*" apresenta um único Deus expresso como uma pluralidade.

A pluralidade da Divindade é também evidente na Criação, pois Deus disse: "*Façamos* o homem à nossa imagem, conforme a *nossa* semelhança" (1.26, grifo meu). Quando o Senhor estava prestes a destruir a torre de Babel, Ele disse: "Vinde, *desçamos e confundamos* ali a sua linguagem, para que um não entenda a linguagem do outro" (11.7, grifo meu).

Distinções entre os membros da Trindade são evidentes em várias passagens do Antigo Testamento. Por exemplo, lemos em Gênesis 19: "Então, fez o SENHOR chover enxofre e fogo, da parte do

SENHOR, sobre Sodoma e Gomorra" (v. 24). Além disso, Charles Hodge destaca este detalhe intrigante e muitas vezes esquecido:

> Nós... encontramos, em todo o Antigo Testamento, frequentes menções a uma pessoa a quem, embora distinta de Jeová como pessoa, são atribuídos os mesmos títulos, atributos e obras de Jeová. Essa pessoa é chamada de o Anjo do Senhor, o Anjo de Jeová, Adonai, Jeová, e Elohim. Ela reivindica a autoridade divina para si, exerce as prerrogativas divinas e recebe reverência divina...
>
> Além disso, temos o testemunho expresso dos autores inspirados do Novo Testamento de que o anjo do Senhor, o Jeová manifesto, que conduziu os israelitas no deserto e que habitava no templo, era Cristo, ou seja, o anjo era o Verbo... que se fez carne e realizou a obra que fora predita que o Messias deveria realizar.[6]

Com isso em mente, fica claro que existem várias passagens no Antigo Testamento nas quais Cristo está falando e, em algumas delas, Ele menciona outras duas Pessoas divinas. Por exemplo, no livro de Isaías, Ele diz:

> *Chegai-vos a mim e ouvi isto: não falei em segredo desde o princípio; desde o tempo em que isso vem acontecendo, tenho estado lá. Agora, o SENHOR Deus me enviou a mim e o seu Espírito*
>
> Is 48.16

---

6 Charles Hodge, *Systematic Theology*, p. 177.

O ENSINO DO NOVO TESTAMENTO SOBRE A TRINDADE

O Evangelho de Lucas revela que todos os membros da Trindade estavam envolvidos na encarnação de Cristo, porque um anjo apareceu a Maria e disse:

> *Descerá sobre ti o Espírito Santo, e o poder do Altíssimo te envolverá com a sua sombra; por isso, também o ente santo que há de nascer será chamado Filho de Deus (1.35).*

A Trindade também estava presente no batismo de Cristo, pois o Espírito Santo desceu sobre Ele como uma pomba, e o Pai disse: "Este é o meu Filho amado, em quem me comprazo" (Mt 3.17). Vemos o Pai, o Filho e o Espírito Santo juntos na mesma cena.

A Trindade também estava envolvida na ressurreição de Cristo. Ele foi ressuscitado pelo poder do Pai (Rm 6.4; Gl 1.1; 1 Pe 1.3), do Filho (Jo 10.18) e do Espírito Santo (Rm. 8.11).

O envolvimento de toda a Trindade é também evidente na expiação de Cristo, porque o autor de Hebreus disse: "muito mais o sangue de Cristo, que, pelo Espírito eterno, a si mesmo se ofereceu sem mácula a Deus, purificará a nossa consciência de obras mortas, para servirmos ao Deus vivo!" (9.14). Cristo ofereceu a si mesmo como um sacrifício sem pecado ao Pai, e o Espírito Santo lhe deu poder para fazer isso. O Apóstolo Pedro ecoou essa verdade dizendo que nós, como crentes, somos "eleitos, segundo a presciência de Deus Pai, em santificação do Espírito, para a obediência... de Jesus Cristo" (1 Pe 1.2).

Todos os membros da Trindade estão envolvidos na segurança de nossa salvação. Deus Pai nos confirma em Cristo

(2 Co 1.21-22); Cristo garante que sejamos encontrados irrepreensíveis (1 Co 1.7-8); e o Espírito Santo nos sela com Sua promessa de nossa herança celestial (Ef 1.13).

Evidências da Trindade também são encontradas na Grande Comissão, pois Cristo disse que devemos fazer "discípulos de todas as nações, batizando-os em nome do Pai, e do Filho, e do Espírito Santo" (Mt 28.19). O batismo demonstra a união do crente não apenas com Cristo, mas com toda a Divindade. Observe que o versículo não diz "batizando-os em nome do Pai, e em nome do Filho, e em nome do Espírito Santo"; nem diz: nos nomes do Pai, do Filho e do Espírito Santo". O mistério da Trindade é que há um nome e três pessoas. Visto que o "nome" se refere a tudo o que uma pessoa é e faz, aqui ele fala de tudo o que Deus é e faz como Trindade.

Paulo aludiu à Trindade muitas vezes em suas cartas no Novo Testamento. Para os romanos, ele escreveu que o Espírito Santo é tanto "o Espírito de Deus" quanto o "Espírito de Cristo" (8.9). O Espírito Santo tem com o Filho o mesmo tipo de relacionamento que tem com o Pai.

A primeira carta de Paulo aos coríntios menciona os membros da Trindade lado a lado um com o outro: "Ora, os dons são diversos, mas o Espírito é o mesmo. E também há diversidade nos serviços, mas o Senhor é o mesmo. E há diversidade nas realizações, mas o mesmo Deus..." (1 Co 12.4-6). Mais tarde, em sua segunda carta, ele os menciona novamente juntos: "A graça do Senhor Jesus Cristo, e o amor de Deus, e a comunhão do Espírito Santo sejam com todos vós" (2 Co 13.13).

Ele também escreveu aos tessalonicenses: "devemos sempre dar graças a Deus por vós, irmãos amados pelo Senhor, porque Deus vos escolheu desde o princípio para a salvação, pela santificação do Espírito e fé na verdade" (2 Ts. 2.13).

Muitas vezes o inter-relacionamento da Trindade está além

de nossa compreensão. Por exemplo, Cristo disse: "E eu rogarei ao Pai, e ele vos dará outro Consolador, a fim de que esteja para sempre convosco, o Espírito da verdade" (Jo 14.16-17). Esse versículo indica que o Pai enviou o Espírito. Mais tarde, Cristo disse: "Quando, porém, vier o Consolador, que eu vos enviarei da parte do Pai, o Espírito da verdade, que dele procede, esse dará testemunho de mim" (15.26). Esse versículo indica que o Filho enviou o Espírito. Podemos concluir que tanto o Pai quanto o Filho foram responsáveis por enviar o Espírito Santo. Mas a natureza exata do relacionamento entre os membros da Trindade permanece um mistério.

Quem pode compreender a Trindade? Deus é três em um e um em três — um mistério eterno. J. I. Packer escreveu:

> Aqui nos deparamos com a verdade mais vertiginosa e inescrutável de todas: a verdade da Trindade... O que devemos fazer com ela? A triunidade divina é, em si mesma, um mistério, um fato transcendente que está além da nossa compreensão...
>
> Como o Deus eterno pode ser eternamente singular e plural; como o Pai, o Filho e o Espírito podem ser pessoas distintas, embora sejam um em essência... isso é mais do que podemos conhecer, e qualquer tentativa de "explicar" isso — dissipando o mistério através do raciocínio, de modo diferente da confissão das Escrituras — está fadada a falsificá-lo. Aqui, como em outras partes, o nosso Deus é grande demais para as pequenas mentes de suas criaturas.[7]

---

7 J. I. Packer, *I Want to Be a* Christian [Quero Ser um Crente] Wheaton, Ill: Tyndale, 1977, pp. 29-30.

Não podemos compreender esse Deus triúno, mas sabemos que Ele é um Pai que nos ama, um Filho que morreu por nós e um Espírito que nos conforta. Nos capítulos seguintes, estudaremos outras características de Deus. No entanto, precisávamos começar por isso, pois a Trindade é a verdade mais inescrutável das Escrituras. Ela nos humilha, em preparação para o que está por vir.

Ore para que esse Deus majestoso se revele de modo mais pleno a você através das Escrituras — e anseie conhecê-Lo com todo seu coração!

Capítulo 2

Nosso
Deus
Fiel e
Imutável

Este artigo teve destaque recentemente na primeira página do Los Angeles Times:

> Em um recente jantar *white-tie* em Washington, o Embaixador russo Vladimir Lukin viu-se sentado em frente ao diretor da CIA Robert M. Gates. O enviado do "Império do Mal" virou-se amigavelmente para o seu companheiro de jantar e disse: "Então, quando é que vamos nos ajuntar e criar novas regras para espionarmos uns aos outros"? Gates... manifestou um interesse cuidadoso nessa ideia. Ele encorajou Lukin a discutir o assunto com Yevgeny Primakov, o chefe do serviço de inteligência russo, que assumiu as funções de espionagem da extinta KGB soviética.

> Mas não espere que os agentes secretos dos EUA e da Rússia deem as mãos e logo concordem sobre o tipo de espionagem que farão nos países de cada um deles. A desconfiança é bem concreta...
> Mesmo entre os agentes mais amigáveis do Serviço de Inteligência, ainda há camadas e camadas de segredos. Todos os julgamentos são tácitos e o comportamento é mais moderado pela ameaça de ser pego do que por qualquer acordo assinado.[1]

Assim como há desconfiança entre as nações, há também desconfiança entre as pessoas. Em nossos dias, estamos bem longe de confiar em alguém. As pessoas estão aprendendo a não confiar em ninguém, senão em si mesmas, percebendo por experiência própria, que a confiança é uma virtude enganosa. As promessas geralmente significam pouco ou nada, e a mentira tem se tornado comum em nossa sociedade.

Em meio à confusão que a mentira e a desconfiança sempre trazem, as pessoas procuram algo ou alguém para confiar. Muitos depositam sua confiança nos deuses das religiões feitas pelo homem. Alguns colocam sua confiança naqueles que se autodenominam curandeiros. Ouvi falar de uma mãe que levou seu filho a um chamado curandeiro na esperança de que suas pernas aleijadas se endireitassem. Foi-lhe dito para tirar os aparelhos das pernas de seu filho e jamais colocá-los novamente. Algumas semanas mais tarde, após muita dor, uma cirurgia de emergência foi feita a fim de salvar as pernas do menino da amputação.

---

[1] John M. Broder, *Spies Who Won't Come in From the Cold War* [Espiões que não querem entrar na Guerra-Fria], 17 de maio de 1992, A1, A12.

Os falsos mestres estão sempre ao derredor para roubar o coração, a confiança e o dinheiro das pessoas. Não muitos anos atrás, um Pastor de Los Angeles realizou uma campanha televisiva fingindo arrecadar dinheiro para a obra missionária. Após ter levantado uma quantia considerável, deixou a cidade e desapareceu.

Os falsos mestres que enganam e são enganados são abundantes. Existem professores com altas credenciais acadêmicas, de seminários de prestígio, que pregam filosofias e teologias heréticas. Além disso, muitas pessoas vão a igrejas que alegam ensinar sobre Cristo, mas que, de fato, negam a verdade. Em consequência disso, as pessoas não aprendem coisa alguma sobre o Cristo das Escrituras. Diante das mentiras e decepções que nos rodeiam, em quem podemos confiar?

A única pessoa em que podemos confiar sem reservas é Deus. Por causa de Seu caráter, Ele não pode mentir (Tt 1.2). Tudo o que Ele diz ou faz é absolutamente verdadeiro. Ele não tem a habilidade de contradizer a si mesmo. Quando Ele faz uma promessa, não pode fazer outra coisa, senão cumpri-la. Ele nunca se desvia de Sua vontade ou de Sua Palavra.

Porque Deus é digno de confiança, podemos ter a certeza de que Ele é sempre fiel para com Seus próprios filhos. É por isso que podemos confiar nEle, não importa o que aconteça. Embora possamos estar enfrentando adversidades, podemos saber que Ele é confiável.

Você conhece a Deus dessa maneira? Você já reconheceu Sua fidelidade em seu favor?

O CARÁTER CONFIÁVEL DE DEUS

Vemos claramente a fidelidade de Deus ilustrada na vida de Abraão. Abraão, cujo nome original era Abrão, cresceu num ambiente pagão — em Ur, uma antiga cidade caldeia da Mesopotâmia, entre os rios Tigre e Eufrates. Ela era uma terra fértil, onde o Jardim do Éden provavelmente estava localizado e onde a grande cidade de Babilônia enfim foi construída. Abraão era descendente de Sem, um dos três filhos de Noé, mas durante muitas gerações, sua família adorou deuses falsos (Js 24.2).

A Jornada de Abraão

Um dia, Deus falou a Abraão e ordenou-lhe que fosse para Canaã. O escritor de Hebreus diz: "Pela fé, Abraão, quando chamado, obedeceu, a fim de ir para um lugar que devia receber por herança; e partiu sem saber aonde ia" (11.8). A palavra grega para "saber" significa "fixar a atenção em" ou "colocar os pensamentos em". Ele partiu para uma terra estrangeira sem ao menos colocar os seus pensamentos no lugar para onde estava indo.

Além disso, ele não tinha garantia alguma, além da Palavra de Deus, de que ele iria chegar lá. Sua peregrinação de fé o levou a abandonar sua terra natal, seu lar e sua propriedade. Ele rompeu os laços familiares, deixou seus entes queridos e abandonou sua segurança presente em troca da incerteza futura. Por que ele obedeceu e partiu? Porque ele sabia que Deus era digno de confiança.

O Sacrifício de Abraão

O brilhante teólogo Jonathan Edwards escreveu de modo comovente:

> Tenho andado diante de Deus e dado a mim mesmo, e tudo o que sou e possuo a Deus, de modo que já não sou de mim mesmo em as-

pecto algum. Não posso exigir nenhum direito sobre este entendimento, esta vontade e estes afetos que estão em mim. Nem tenho direito algum sobre este corpo ou sobre qualquer um de seus membros — nenhum direito sobre esta língua, estas mãos, estes pés; nenhum direito sobre estes sentidos: visão, audição, olfato ou paladar. Tenho me despojado de mim mesmo e não retive coisa alguma como sendo minha.[2]

Edwards se ofereceu completamente a Deus, desejoso de obedecer a Ele sem reservas. Vemos a mesma atitude em Abraão, conforme revelado nesta cena dramática:

> *Pôs Deus Abraão à prova e lhe disse: Abraão! Este lhe respondeu: Eis-me aqui!*
> *Acrescentou Deus: Toma teu filho, teu único filho, Isaque, a quem amas, e vai-te à terra de Moriá; oferece-o ali em holocausto, sobre um dos montes, que eu te mostrarei.*
> *Levantou-se, pois, Abraão de madrugada e, tendo preparado o seu jumento, tomou consigo dois dos seus servos e a Isaque, seu filho; rachou lenha para o holocausto e foi para o lugar que Deus lhe havia indicado.*
> *Ao terceiro dia, erguendo Abraão os olhos, viu o lugar de longe.*
> *Então, disse a seus servos: Esperai aqui, com o jumento; eu e o rapaz iremos até lá e, havendo adorado, voltaremos para junto de vós.*

---

2 Jonathan Edwards, *The Works of Jonathan Edwards* [A Obra de Jonathan Edwards], v. 1, Carlisle, Pa.: The Banner of Truth Trust, 1990, reimpressão, p. xxv.

> Tomou Abraão a lenha do holocausto e a colocou sobre Isaque, seu filho; ele, porém, levava nas mãos o fogo e o cutelo. Assim, caminhavam ambos juntos.
> Quando Isaque disse a Abraão, seu pai: Meu pai! Respondeu Abraão: Eis-me aqui, meu filho! Perguntou-lhe Isaque: Eis o fogo e a lenha, mas onde está o cordeiro para o holocausto?
> Respondeu Abraão: Deus proverá para si, meu filho, o cordeiro para o holocausto; e seguiam ambos juntos.
> Chegaram ao lugar que Deus lhe havia designado; ali edificou Abraão um altar, sobre ele dispôs a lenha, amarrou Isaque, seu filho, e o deitou no altar, em cima da lenha; e, estendendo a mão, tomou o cutelo para imolar o filho.
> Mas do céu lhe bradou o Anjo do SENHOR: Abraão! Abraão! Ele respondeu: Eis-me aqui!
> Então, lhe disse: Não estendas a mão sobre o rapaz e nada lhe faças; pois agora sei que temes a Deus, porquanto não me negaste o filho, o teu único filho. Tendo Abraão erguido os olhos, viu atrás de si um carneiro preso pelos chifres entre os arbustos; tomou Abraão o carneiro e o ofereceu em holocausto, em lugar de seu filho.
>
> Gn 22.1-13

Que tremendo ato de confiança! Deus já havia prometido que a posteridade de Abraão cresceria até ao tamanho de uma nação e seria o Seu povo especial (12.2; 15.2-5); e que a terra à qual Deus o havia trazido seria a pátria dessa nação (13.14-17); e que sua posteridade seria uma bênção para o mundo (12.2-3; 18.18).

Abraão "creu no SENHOR, e isso lhe foi imputado para justiça" (15.6). Ou seja, Abraão creu que Deus cumpriria as promessas de sua aliança e faria o que disse. Ele sabia, assim como deveríamos saber, que o Senhor é digno de confiança e fiel à Sua Palavra.

Mas como Abraão poderia esperar que a promessa fosse cumprida se ele iria oferecer Isaque como sacrifício? Porque Abraão "considerou que Deus era poderoso até para ressuscitá-lo dentre os mortos" (Hb 11.19). Ele sabia que Deus cumpriria Suas promessas de algum modo, mesmo que fosse através de um milagre, se necessário. A fé de Abraão não era uma fé cega, pois ele havia visto o caráter confiável de Deus e Sua integridade demonstrada vez após vez. Ele pôs sua fé na pessoa certa.

A FIDELIDADE DE DEUS À SUA ALIANÇA

Não muito tempo depois de Deus ter criado Adão e Eva, eles decidiram desobedecer a Ele. Eles comeram do fruto da árvore do conhecimento do bem e do mal e caíram, assim como o restante da criação. Em consequência disso, toda a terra foi amaldiçoada. Nossos primeiros pais perderam sua comunhão com Deus e foram banidos do Éden.

Logo depois, foi cometido o primeiro assassinato, e as coisas começaram a entrar em decadência. Corrupção, violência, poligamia, idolatria, incesto, mentira, roubo, adultério e todos os tipos de pecado tornaram-se comuns e cada vez piores. A humanidade tornou-se tão libertina, que Deus destruiu a todos na face da terra, exceto as oito pessoas da família de Noé. Entretanto, nas gerações após o dilúvio, as pessoas continuaram fugindo de Deus.

Apesar disso, Deus não desistiu da humanidade. O Seu plano eterno era que alguns O adorassem e servissem. Abraão fazia parte desse plano. Ele deveria ser o progenitor da nação de Israel, a qual deveria trazer a salvação ao mundo - através do Messias.

Abraão, no entanto, foi apenas uma pessoa que respondeu ao plano divino, isto é, Deus não o escolheu para ser parte do plano divino devido a algum mérito especial, qualidade ou virtude da parte dele. Deus o escolheu segundo o beneplácito de sua vontade soberana. Abraão se tornaria o pai de uma poderosa nação, e, nele, todas as nações da Terra seriam abençoadas simplesmente porque o Senhor disse: "Eu o escolhi" (Gn 18.19).

O Senhor garantiu Sua promessa a Abraão por meio de uma aliança. Na mesma forma de ratificar alianças no Oriente Médio daquela época, Deus disse a Abraão para cortar animais específicos ao meio e arrumar as metades em frente umas das outras. Depois que o Senhor o fez cair em sono profundo, o Senhor falou com ele sobre Sua promessa e Ele mesmo passou entre as metades.

Normalmente, ambas as partes caminhavam entre as metades dos animais para simbolizar sua responsabilidade mútua de cumprir as condições do acordo, como se dissessem: "Que sejamos cortados ao meio se não mantivermos nossa parte do contrato". Mas Abraão não tinha participação na determinação das condições da aliança ou na cerimônia que a selou. O fato de somente Deus ter andado entre as metades significava que a responsabilidade total era dEle. Abraão não tinha parte na aliança, ele era um recebedor da mesma e um veículo para que ela fosse cumprida. As condições e obrigações eram somente de Deus.

Abraão estava seguro no plano eterno de Deus. Por quê? Porque Deus é fiel à Sua Palavra e fiel para cumprir as promessas de Sua aliança. Em todo o universo, somente Ele pode dizer: "Como pensei, assim sucederá, e, como determinei, assim se efetuará" (Is 14.24).

O PLANO INALTERÁVEL DE DEUS PARA A REDENÇÃO

A escolha soberana de Deus é o tema de Romanos 9. Como ilustração, Paulo escreveu sobre Jacó e Esaú. Paulo escreve que eles não "eram ainda nascidos, nem tinham praticado o bem ou o mal (para que o propósito de Deus, quanto à eleição, prevalecesse, não por obras, mas por aquele que chama), [e] já fora dito a ela: O mais velho será servo do mais moço" (Rm 9.11-12).

Assim como no caso de Abraão, somente Deus traz a salvação, e não qualquer coisa que uma pessoa possa fazer. Deus se propôs a amar os seus, e nada pode violar esse plano. Quando Ele planeja Seus propósitos soberanos, Ele os executa. Seus planos nunca falham porque Ele é fiel à Sua Palavra.

Isaque e Jacó não foram os únicos beneficiários do plano de Deus. Paulo escreveu:

> *Porque nem todos os de Israel são, de fato, israelitas; nem por serem descendentes de Abraão são todos seus filhos; mas: Em Isaque será chamada a tua descendência. Isto é, estes filhos de Deus não são propriamente os da carne, mas devem ser considerados como descendência os filhos da promessa (vv. 6-8).*

Seu argumento era que Abraão é o pai espiritual de todos os que creem (cf. com Rm. 4.11-12). Ele estava se referindo à fé das pessoas, e não à sua herança racial. Em sua carta aos gálatas, ele diz assim: "Sabei, pois, que os da fé é que são filhos de Abraão" (3.7). Nós que cremos em Cristo como Salvador e Senhor estamos tão seguros quanto Abraão porque exercemos a mesma fé que ele.

Como verdadeiros filhos de Abraão, estamos seguros no plano do Senhor para a redenção. Afinal, aqueles a quem Deus "de antemão conheceu, também os predestinou para serem conformes à imagem de seu Filho, a fim de que ele seja o primogênito entre muitos irmãos. E aos que predestinou, a esses também chamou; e aos que chamou, a esses também justificou; e aos que justificou, a esses também glorificou" (Rm 8.29-30).

O crente não faz coisa alguma para garantir a sua salvação. De acordo com Seu próprio propósito, Deus a garante para nós. O crente não pode garanti-la e certamente não pode mantê-la. Mas, em Sua fidelidade, Deus realiza ambas as coisas.[3]

Por que Deus nos escolhe para a salvação e nos conforma à imagem de Seu Filho? Porque faz parte de Seu plano soberano e sábio fazê-lo. Podemos ter a certeza de que Ele jamais mudará ou invalidará Seu plano eterno, pois Ele é sempre fiel para cumprir Suas promessas.

O JURAMENTO INFALÍVEL DE DEUS

No período do Antigo Testamento, era comum uma pessoa fazer um juramento invocando o poder de algo ou alguém mais importante do que ela. Para o povo judeu, o maior poder era Deus (cf. com Gn 14.22; 21.23-24; 24.3). Se alguém fizesse um juramento assim, seria responsável por cumpri-lo.

Deus, no entanto, não precisa fazer tal juramento. Ele é a própria Verdade, e não há poder superior a Ele. Devemos aceitar Sua Palavra sem duvidar. Apesar disso, Deus garantiu Sua promessa a Abraão com um juramento:

> *Pois, quando Deus fez a promessa a Abraão, visto que não tinha ninguém superior por quem jurar, jurou por si mesmo, dizendo: Certamente, te abençoarei e te multiplicarei.*

---

[3] Exploro essa questão de modo mais extenso em meu livro *Saved Without a Doubt*, Wheaton, Ill: Victor, 1992, traduzido para o português como *Salvo Sem Sombra de Dúvida*, Brasília, DF: Editora Palavra.

> *E assim, depois de esperar com paciência, obteve Abraão a promessa. Pois os homens juram pelo que lhes é superior, e o juramento, servindo de garantia, para eles, é o fim de toda contenda.*
>
> *Por isso, Deus, quando quis mostrar mais firmemente aos herdeiros da promessa a imutabilidade do seu propósito, se interpôs com juramento, para que, mediante duas coisas imutáveis, nas quais é impossível que Deus minta, forte alento tenhamos nós que já corremos para o refúgio, a fim de lançar mão da esperança proposta.*
>
> Hb 6.13-18

O juramento de Deus, evidentemente, não foi feito para tornar Sua promessa mais segura, mas para se acomodar à fé fraca das pessoas. Deus desceu ao nosso nível para nos fornecer maiores garantias.

O escritor de Hebreus diz que há "duas coisas imutáveis, nas quais é impossível que Deus minta" (v. 18). A palavra grega para "imutáveis" era usada em relação a resoluções. Uma vez que seja devidamente tomada, a resolução não pode ser mudada por ninguém, a não ser por aquele que a tomou.

Quais são as duas coisas imutáveis? A promessa e o juramento de Deus. Deus declarou que ambas as coisas eram imutáveis, até ao ponto de arriscar sua própria reputação. Sua vontade não pode ser mudada, invertida ou alterada. Podemos ter certeza disso? Sim, porque Ele não pode mentir. Ele se comprometeu a dar forte encorajamento e confiança a todos os que correm para Ele como o seu Refúgio e Salvador.

Deus ainda acrescentou outra razão para os crentes confiarem nEle. Em Hebreus 6, o escritor concluiu:

> [Esta esperança], a qual temos por âncora da alma, segura e firme e que penetra além do véu, onde Jesus, como precursor, entrou por nós, tendo-se tornado sumo sacerdote para sempre, segundo a ordem de Melquisedeque (vv. 19-20).

Como nosso Sumo Sacerdote, Cristo serve de âncora para a nossa alma, Aquele que nos guardará para sempre de nos afastarmos de Deus.

Homer Kent escreveu:

> Essa âncora é segura porque é inflexível. É certo que ela ficará presa porque suas patas são firmes e não podem ser deformadas nem quebradas. Semelhantemente, Cristo, em Si mesmo, é absolutamente confiável e totalmente digno de nossa confiança.[4]

Podemos confiar em Deus, não só porque Cristo é a âncora de nossas almas, mas também porque Ele penetrou além do véu. A expressão "além do véu" era uma referência ao lugar mais sagrado do templo, o Santo dos Santos. Dentro do Santo dos Santos estava a Arca da Aliança, que simbolizava a glória de Deus. Uma vez por ano, no Dia da Expiação, o sumo sacerdote entrava no Santo dos Santos para fazer expiação pelos pecados do povo de Deus.

Entretanto, na Nova Aliança, a expiação foi feita de uma vez por todas através do sacrifício de Cristo na cruz (Hb 9.12). Como nosso precursor, Cristo entrou no céu, na parte interna do véu. Na mente de Deus, nossa alma está segura no céu com Cristo.

---

4 Homer Kent, *The Epistle to Hebrews* [A Epístola aos Hebreus], Grand Rapids: Baker, 1972, p. 122.

A segurança absoluta que Deus nos oferece é quase incompreensível. Não só as nossas almas estão ancoradas dentro do santuário celestial inexpugnável e inviolável, como também Cristo vela por elas. Certamente podemos confiar nossas almas a esse Deus extremamente fiel!

O CARÁTER IMUTÁVEL DE DEUS

A fidelidade de Deus está entrelaçada com Seu caráter imutável. No livro de Malaquias, Deus disse acerca de Si mesmo: "Porque eu, o SENHOR, não mudo" (3.6). E nEle "não pode existir variação ou sombra de mudança" (Tg 1.17).

As mudanças podem ser tanto para melhor como para pior. No entanto, ambas são inconcebíveis em Deus. Em seu livro *The Atributes of God* [Os Atributos de Deus], o Pastor A. W. Pink escreveu:

> [Deus] não pode mudar para melhor, pois Ele já é perfeito; e sendo perfeito, não pode mudar para pior. Visto que Ele é completamente não influenciado por qualquer coisa fora de Si mesmo, Seu aperfeiçoamento ou piora são impossíveis. Ele é perpetuamente o mesmo.[5]

No entanto, algumas passagens bíblicas que sugerem que Deus pode mudar confundem algumas pessoas. Por exemplo, Gênesis 6.6-7: "então, se arrependeu o SENHOR de ter feito o homem na terra, e isso lhe pesou no coração. Disse o SENHOR: Farei desaparecer da face da terra o homem que criei, o homem e o animal, os répteis e as aves dos céus; porque me arrependo de os haver feito". Mas pense nisto: o caráter de quem mudou? Não foi o de Deus. Ele

---

5 A. W. Pink, *The Atributes of God*, Grand Rapids: Baker, 1975, p. 37, traduzido para o português como *Os Atributos de Deus*, São Paulo: PES, 1985.

criou as pessoas para fazerem o bem, mas, em vez disso, elas mudaram e escolheram fazer o mal.

No livro de Jonas, há outra passagem geralmente mal interpretada. Quando Deus viu que os habitantes de Nínive se converteram dos seus pecados, Ele "se arrependeu do mal que tinha dito lhes faria e não o fez" (3.10). Mas, novamente, quem mudou? Não foi Deus. Ele demonstrou misericórdia para com Nínive, não porque Ele mesmo se arrependeu, mas porque as pessoas o fizeram.

Louis Berkhof abordou essa questão desta forma:

> Há mudança em torno dEle [Deus], mudança nas relações dos homens com Ele, mas não há mudança alguma em Seu ser, Seus atributos, Seu propósito, Suas motivações para agir ou em Suas promessas... Se as Escrituras falam de Seu arrependimento, de Sua mudança de intenção e da mudança de Seu relacionamento com os pecadores quando esses se arrependem, devemos lembrar que essa é apenas uma forma antropomórfica de falar. Na verdade, a mudança não está em Deus, mas sim no homem e no relacionamento do homem com Deus.[6]

A maneira como uma pessoa permanece diante de Deus determina o que acontece com ela. Não podemos culpar o Sol por derreter a cera e endurecer o barro. O problema está na essência dessas duas matérias, não no Sol. Deus nunca muda. Ele continuará recompensando o bem e punindo o mal. Moisés escreveu sobre o caráter imutável de Deus desta forma:

---

6 Louis Berkhof, *Systematic Theology*, Grand Rapids: Eerdmans, 1941, p. 59, traduzido para o português como Teologia Sistemática, São Paulo: Editora Cultura Cristã.

Deus não é homem, para que minta;
nem filho de homem, para que se arrependa.
Porventura, tendo ele prometido, não o fará?
Ou, tendo falado, não o cumprirá?

Nm 23.19

O caráter imutável de Deus o separa de tudo e de todos. Os céus, por exemplo, estão sujeitos a mudanças. Eles se movem, seguem seu curso. O Livro de Apocalipse nos fornece um retrato drástico das mudanças extremas que os céus passarão até que o fogo acabe dissolvendo-os. As estrelas cairão, o Sol escurecerá, a Lua terá cor de sangue e os céus se enrolarão como um pergaminho.

A terra também está sujeita a mudanças. As pessoas têm mudado a face da terra com suas escavadoras e a atmosfera com a poluição. O livro de Apocalipse diz que, no final dos tempos, as pessoas e a vida vegetal morrerão e que os mares estarão poluídos. A Terra foi transformada uma vez pelo Dilúvio e será mudada novamente, visto que será consumida pelo calor intenso (2 Pe 3.6-7).

Os ímpios estão sujeitos a mudanças. Os incrédulos hoje pensam que têm uma vida feliz ou pelo menos aceitável. Mas um dia, perceberão que uma eternidade sem Deus é uma existência trágica. Os anjos estão também sujeitos a mudanças, pois alguns "não guardaram o seu estado original, mas abandonaram o seu próprio domicílio" (Jd 1.6). Esses seres são demônios.

Até os crentes mudam. Há momentos em que nosso amor por Cristo é ardente e obedecemos a Ele, mas há outros em que ele quase se extingue e nós desobedecemos. Por um lado, Davi confiava no Senhor como sua Rocha e Refúgio (2 Sm 22.3); por outro, ele temia por sua própria vida, dizendo: "Pode ser que algum dia venha eu a perecer nas mãos de Saul (1 Sm 27.1). Todo mundo e todas as coisas mudam no universo. Mas Deus não muda!

O que o caráter imutável de Deus significa para nós como crentes? Significa conforto. Conforme A. W. Pink destacou:

> Não se pode confiar na natureza humana, mas podemos confiar em Deus! Assim, por mais instável que eu possa ser, por mais inconstantes que meus amigos demonstrem ser, Deus não muda. Se Ele mudasse como nós mudamos, se quisesse uma coisa hoje e outra amanhã, se fosse controlado por caprichos, quem poderia confiar nEle?
> Mas todo o louvor seja dado ao Seu glorioso nome porque Ele sempre é o mesmo. Seu propósito é permanente, Sua vontade é estável, Sua palavra é garantida. Eis aqui uma rocha sobre a qual podemos firmar os nossos pés enquanto a poderosa torrente varre tudo ao nosso redor. A estabilidade do caráter de Deus garante o cumprimento de Suas promessas.[7]

Suas promessas incluem uma salvação eterna para os crentes. Isso significa que Ele manifestará fielmente o seu amor, perdão, misericórdia e graça para conosco para sempre! Deus nos diz de modo tranquilizador: "Porque os montes se retirarão, e os outeiros serão removidos; mas a minha misericórdia não se apartará de ti, e a aliança da minha paz não será removida" (Is 54.10).

Esse é o Deus fiel e imutável em quem podemos confiar totalmente. Ele sempre será fiel à Sua Palavra e cumprirá todas as Suas promessas. Não é de se admirar que Cristo tenha dito: "Tende fé em Deus" (Mc 11.22). Ele estava dizendo: "Você pode confiar em Deus. Pode colocar a sua vida em Suas mãos". Que o Senhor o ajude a fazer isso!

---

7 *The Atributes of God*, p. 39.

Capítulo 3

Nosso
Deus
Santo

Robert Murray McCheyne era um homem com uma grande paixão por Deus. Pouco depois de sua conversão, ele fez o seguinte registro em seu diário:

> 30 de junho de 1832:
> Muito descuido, muito pecado e tristeza. "Desventurado homem que sou! Quem me livrará do corpo desta morte"? Entra, minha alma, em teu refúgio e esconde-te no pó por causa do temor do Senhor e da glória de Sua majestade.

> 03 de julho de 1832:
> Esta última raiz amarga de mundanismo que tantas vezes me tem traído, esta noite, o fez de modo tão grosseiro que eu não posso fazer nada,

> senão considerá-la como caminho escolhido por Deus para me fazer detestá-la e abandoná-la para sempre. Eu poderia fazer um voto, mas é muito mais provável que um verme fraco ore: Assenta-te no pó, ó minha alma!
>
> 22 de julho de 1832:
> Tive, esta noite, uma compreensão mais completa do autoesvaziamento e da humilhação necessários para se chegar a Cristo — a negação do próprio eu, pisoteando-o sob os pés — um reconhecimento da completa retidão e justiça de Deus, que poderia não fazer nada mais conosco, senão nos condenar totalmente e nos empurrar até o mais profundo do inferno — um sentimento de que, mesmo no inferno, deveríamos nos alegrar em Sua soberania e dizer que a justiça foi feita corretamente.[1]

McCheyne tinha um profundo senso de seu próprio pecado e uma visão elevada da santidade de Deus. O que torna os registros de seu diário os mais notáveis de todos é que ele tinha apenas 19 anos de idade quando os registrou. Mais tarde, ele se tornou o Pastor da Igreja de São Pedro, em Dundee, na Escócia. Ele ministrou durante um curto período de sete anos e meio e morreu com a idade de 29 anos. Ele deixou apenas algumas poucas anotações de sermões, no entanto, os frutos de sua vida breve permanecem até hoje. Sua biografia passou por 116 edições com mais de meio milhão de cópias distribuídas em todo o mundo. Por quê? Uma das razões é porque o jovem Pastor escocês via Deus como Ele realmente é.

---

1 Andrew A. Bonar, *Memoir and Remains of Robert Murray McCheyne* [Memórias e Relíquias de Robert Murray McCheyne], Carlisle, Pa.: The Banner of Truth Trust, 1973, pp. 18-19.

Num completo contraste, muitos dos que são chamados cristãos têm apenas uma visão débil, rasa e superficial de Deus. Eles estão presos numa espécie de autoindulgência e egocentrismo, na qual veem a Deus somente em termos do que Ele pode fazer por eles. Eles deram a Deus a forma de um gênio funcional.

Mas, se quisermos ver Deus como Ele realmente é — vê-Lo como Ele é revelado em Sua Palavra —, devemos entender e reconhecer este fato fundamental: o nosso Deus é santo.

SANTO, SANTO, SANTO

A santidade é, sem dúvida, o mais importante de todos os atributos de Deus. Quando os anjos adoram no céu, eles não dizem: "Eterno, Eterno, Eterno"; "Fiel, Fiel, Fiel"; "Sábio, Sábio, Sábio" ou "Poderoso, Poderoso, Poderoso". Eles dizem: "Santo, Santo, Santo é o Senhor Deus, o Todo-Poderoso" (Ap 4.8; cf. com Is 6.3).

Em seu livro clássico *The Existence and Atributes of God* [A Existência e os Atributos de Deus], Stephen Charnock observou que a santidade de Deus "é a coroa de todos os Seus atributos, a vida de todos os Seus decretos e o brilho de todas as Suas ações. Nada é decretado por Ele, ação alguma é feita por Ele senão aquilo que é merecedor de dignidade e que honra esse atributo".[2] A santidade do Senhor é impressionante, apavorante e majestosa. Davi escreveu: "santo e tremendo é o seu nome" (Sl 111.9). Em seu cântico de gratidão, Ana orou: "Não há santo como o SENHOR; porque não há outro além de ti" (1 Sm 2.2). Moisés e os filhos de Israel disseram a respeito de Deus: "Quem é como tu, glorificado em santidade?" (Êx 15.11).

O que significa ser santo? Charles Hodge explica:

---

2 Stephen Charnock, *The Existence and Atributes of God* [A Existência e os Atributos de Deus], Minneapolis: Klock & Klock, 1977 reimpressão, p. 452.

> Este é um termo geral para a excelência moral de Deus... Santidade, por um lado, implica na total libertação de todo mal moral e, por outro, na absoluta perfeição moral. A libertação da impureza é a ideia principal dessa palavra. Santificar é limpar; ser santo é ser limpo. A pureza infinita, muito mais do que o conhecimento infinito ou do que o poder infinito, é o objeto de reverência.[3]

Simplificando, Deus não tem pecado, Ele não se conforma a algum padrão de santidade — Ele é o padrão. Ele nunca faz qualquer coisa errada. Não há graus de santidade nEle, pois Ele é perfeitamente santo.

Entre Deus e nós está um abismo separando a santidade da falta de santidade. Ele é santo, nós somos ímpios. Consequentemente, temos os alicerces de nosso ser abalados ao nos compararmos com Sua santidade. Esse é um pensamento assustador, visto que a santidade é o padrão para existirmos em Sua presença. É por isso que Deus "não poupou anjos quando pecaram, antes, precipitando-os no inferno, os entregou a abismos de trevas, reservando-os para juízo" (2 Pe 2.4). Do mesmo modo, o pecador que não se arrepende é mandado "para o fogo eterno, preparado para o diabo e seus anjos" (Mt 25.41).

Como podemos ser santos? Exercendo fé no Senhor Jesus Cristo. Por meio da obra expiatória de Cristo na cruz, Deus imputa a santidade àqueles que acreditam nEle. Paulo disse aos Coríntios: "vocês foram lavados, foram santificados [feitos santos], foram justificados no nome do Senhor Jesus Cristo" (1 Co 6.11, NVI).

---

3 Charles Hodge, *Systematic* Theology, pp. 150-51.

O ÓDIO DE DEUS PELO PECADO

Uma boa maneira de entender a santidade de Deus é vê-la em contraste com Seu ódio pelo pecado. Podemos nos identificar muito mais facilmente com isso, uma vez que estamos tão familiarizados com o pecado.

No livro de Amós, Deus disse ao Seu povo:

> *Aborreço, desprezo as vossas festas e com as vossas assembleias solenes não tenho nenhum prazer. E, ainda que me ofereçais holocaustos e vossas ofertas de manjares, não me agradarei deles, nem atentarei para as ofertas pacíficas de vossos animais cevados. Afasta de mim o estrépito dos teus cânticos, porque não ouvirei as melodias das tuas liras.*
> Am. 5.21-23

Deus havia instituído ordenanças cerimoniais e de sacrifício para que o povo as seguisse, mas eles as realizavam com o coração impuro. Deus odeia isso. Davi escreveu: "O SENHOR é justo, Ele ama a justiça" (Sl 11.7). O pecado é o objeto de Seu descontentamento, mas Ele ama a santidade. Ele não quer que as pessoas façam as coisas certas com uma atitude errada.

Embora Deus seja santo e odeie o pecado, Ele ainda nos redimiu. Ele conhece e despreza o nosso pecado, mas nos ama. A santidade, a onisciência e o amor de Deus agem em harmonia. Para compreender melhor esse tipo de amor, considere o que seria ter um câncer. Se seu corpo estivesse afetado por um câncer, você amaria o seu corpo, mas odiaria o câncer. Você faria tudo o que pudesse para preservar seu corpo — para mantê-lo sadio e para cuidar dele. E faria tudo o que pudesse para destruir o câncer. Semelhantemente,

Deus ama o crente, mas despreza o seu pecado. Ele jamais deseja que alguém peque ou tenta alguém para pecar (Tg 1.13-14). Ele nos dá liberdade de escolha, mas geralmente escolhemos pecar.

A MAIOR EXPRESSÃO DA SANTIDADE

Vemos a santidade de Deus expressa nas Escrituras. Ela é evidente desde o início da criação, pois Salomão disse: "Deus fez o homem reto" (Ec 7.29). Ele nos fez para sermos santos.

A santidade de Deus é também evidente em Sua lei moral. O apóstolo Paulo escreveu que "a lei é santa; e o mandamento, santo, e justo, e bom" (Rm 7.12). Ele revela que seu autor, Deus, é igualmente santo, justo e bom.

Além disso, a lei dos sacrifícios revela a santidade de Deus. Quando Deus instruiu os israelitas a oferecerem animais como sacrifícios pelo pecado, Ele estava demonstrando que a morte é o resultado do pecado. Isso comunica que Deus é tão santo que não podemos nos aproximar dEle sem um sacrifício substitutivo pelo pecado (Hb 9.22).

A santidade de Deus também é expressa em seu julgamento sobre o pecado. Paulo escreveu acerca da segunda vinda de Cristo: "do céu se [manifestará] o Senhor Jesus com os anjos do seu poder, em chama de fogo, tomando vingança contra os que não conhecem a Deus e contra os que não obedecem ao evangelho de nosso Senhor Jesus" (2 Ts 1.7-8). Judas diz que o Senhor virá "para exercer juízo contra todos e para fazer convictos todos os ímpios, acerca de todas as obras ímpias que impiamente praticaram e acerca de todas as palavras insolentes que ímpios pecadores proferiram contra ele" (v. 15). O juízo de Deus sobre o pecado é um reflexo de Sua santidade, porque Ele, por sua própria natureza, *deve* punir pecado.

A maior expressão da santidade de Deus foi o fato de enviar

Seu próprio Filho para morrer na cruz a fim de tornar a salvação possível. Ele pagou o mais alto preço imaginável para satisfazer Sua absoluta santidade. O autor de Hebreus disse a respeito de Cristo: "Ao se cumprirem os tempos, se manifestou uma vez por todas, para aniquilar, pelo sacrifício de si mesmo, o pecado" (9.26). Para satisfazer a santidade de Deus, Cristo, voluntariamente, levou sobre Si os pecados da humanidade e morreu uma morte sacrificial.

UM CHAMADO À SANTIDADE

O profeta Isaías conhecia muito bem a santidade impressionante e majestosa do Senhor. Ele falou de Deus para as pessoas comuns, bem como para reis. Ele profetizou durante o reinado de quatro monarcas por um período de mais de 60 anos. Seu ministério se deu durante um período de grande crise, caos e decadência moral — um tempo em que o povo de Deus havia virado as costas para Ele.

Um dos reis que reinaram durante o ministério de Isaías foi Uzias. Ele reinou por um longo período e foi um governante bem-sucedido. Ele transformou Jerusalém numa cidade fortificada, de modo que ficou bem equipada para se defender. Desenvolveu a agricultura e o comércio da nação, até que ela se tornou extremamente próspera. Como resultado de sua liderança, o povo gozava de grande paz e segurança.

No entanto, quando Uzias olhou para todas as suas realizações, seu coração se encheu de orgulho, e o Senhor o afligiu com uma lepra mortal (2 Cr 26.16-21). Sem dúvida, um sentimento de pânico acometeu os habitantes de Judá. Quando o rei morreu, eles disseram provavelmente: "Uzias nos deu repouso de todo caos ao nosso redor. E o que acontecerá agora"? Eles ficaram com medo.

O que principalmente os fez ficar com medo foi que Tiglate-Pileser III, o rei guerreiro e ambicioso da Assíria, apareceu de repente no horizonte do Oriente Próximo. Seu grande desígnio era conquistar todos os reinos entre os rios Eufrates e Nilo e estabelecer um império.

Isaías conclamou o povo a voltar para Deus, mas em vez disso, o povo se tornou presa da autoindulgência, da devassidão e decadência moral desvairadas. O Senhor os chamou para "chorar, prantear, rapar a cabeça e cingir o cilício", mas, em vez disso, havia "só gozo e alegria"; eles matavam bois, degolavam ovelhas, comiam carne e bebiam vinho (Is 22.12-13). O Senhor os estava chamando para se arrependerem de seu pecado, mas em vez disso, sua atitude era: "Comamos e bebamos, que amanhã morreremos".

VENDO A SANTA PRESENÇA DE DEUS

Algumas pessoas, no entanto, temiam a Deus e mantiveram uma verdadeira devoção a Ele. Isaías estava entre eles. No ano em que o rei Uzias morreu, aconteceu algo que mudaria Isaías para sempre.

O profeta, numa visão, viu "o Senhor assentado sobre um alto e sublime trono, e as abas de suas vestes enchiam o templo" (Is 6.1). A visão do Apóstolo João sugeriu que a visão de Isaías era uma aparição do Cristo pré-encarnado (Jo 12.41). Ela retrata a majestade, a santidade, a glória e o poder do Senhor.

A palavra hebraica usada para "Senhor" em Isaías 6.1 (adonai) é enfática e se refere à soberania de Deus. Isaías estava dizendo ao povo: "No ano em que perdemos o nosso rei humano, eu vi o Rei verdadeiro". Isaías sabia que não havia razão alguma para pânico porque Deus ainda estava no trono. Sua realeza é infinitamente superior a de Uzias, ou qualquer outra pessoa. Em meio a uma crise nacional, Deus permitiu que Isaías soubesse que nem tudo estava perdido.

O que mais Isaías viu em sua visão? Acima do Senhor, estavam anjos, chamados serafins. Em Isaías 6.2, vemos que eles têm a capacidade de pairar ao redor do trono de Deus, pois possuem seis asas. Com duas asas cobrem os pés. Alguns dizem que eles fazem isso como um sinal de humildade, mas talvez haja algo além disso.

Quando Moisés viu a sarça ardente, o Senhor o chamou do meio dela e disse: "Não te chegues para cá; tira as sandálias dos pés, porque o lugar em que estás é terra santa" (Êx 3.5). A terra não era santa devido a alguma virtude intrínseca, mas porque Deus estava ali. Sua presença penetrante santificava a terra sob os pés dele. Sempre que a presença divina aparece, tudo é imediatamente santificado. Semelhantemente, os serafins de Isaías 6 podem ter coberto os pés porque aquela era uma terra santa.

Os serafins cobriam também os rostos com duas asas. Por quê? Visto que pairam sobre o trono do Senhor, eles estão expostos à Sua glória plena. Nenhuma criatura pode resistir a essa visão esplêndida (Êx 33.20).

Deus é inacessível, no sentido de que ninguém jamais viu ou verá Sua glória plena. Nem mesmo os crentes podem vê-Lo em Sua plenitude e viver. Não é de se admirar que, depois de ter sido visitado pelo anjo do Senhor, Manoá, o pai de Sansão, tenha dito à sua esposa: "Certamente, morreremos, porque vimos a Deus" (Jz 13.22).

O Senhor permite uma proximidade, mas nunca uma revelação total. Até mesmo no céu, veremos apenas uma parte de Sua glória. Com certeza, esta será uma porção maior do que qualquer pessoa jamais viu neste mundo, mas não veremos a incompreensível e inimaginável glória de Deus em sua totalidade. Os serafins não podiam suportá-la, por isso cobriam seus rostos.

No entanto, o mais incrível acerca dos serafins não era a sua aparência, mas o que eles diziam: "Santo, santo, santo é o SENHOR dos Exércitos; toda a terra está cheia da sua glória" (Is 6.3). Por que os anjos repetiram três vezes a palavra "santo"? Alguns argumentam que isso é uma referência disfarçada à Trindade, mas acho que há uma explicação melhor. O povo judeu usava comumente as repetições como um artifício literário para dar ênfase. Por exemplo, Cristo disse a Nicodemos: "Em verdade, em verdade te digo que, se alguém não nascer de novo, não pode ver o reino de Deus" (Jo 3.3). Pela repetição, Ele enfatizou a importância de sua afirmação. Da mesma forma, os serafins clamavam "Santo, Santo, Santo" a fim de enfatizarem a santidade suprema do Senhor.

À medida que os serafins proclamavam a santidade de Deus um para o outro, "as bases do limiar se moveram à voz do que clamava, e a casa se encheu de fumaça" (Is 6.4). Essa foi uma cena dramática, pois deve ter sido semelhante a um vulcão em erupção. A visão de Isaías é uma recordação da aparição do Senhor no Monte Sinai:

> *Houve trovões, e relâmpagos, e uma espessa nuvem sobre o monte, e mui forte clangor de trombeta, de maneira que todo o povo que estava no arraial se estremeceu... O SENHOR descera sobre ele em fogo; a sua fumaça subiu como fumaça de uma fornalha, e todo o monte tremia grandemente.*
>
> Êx 19.16-18

No caso de Isaías, a fumaça que encheu o templo era ou uma emanação do altar ou uma manifestação da abrasadora presença de Deus. Seu significado é que Deus é um fogo consumidor; você não pode brincar com Ele ou será consumido. Sua santidade é impressionante, majestosa e aterrorizante.

A DESOLAÇÃO DO PROFETA DE DEUS

Quando Isaías viu Deus como Ele realmente é, sua reação imediata foi: "Ai de mim" (Is 6.5). Isso era mais do que um simples sinal de desespero. Quando os profetas do Antigo Testamento davam pronunciamentos ou oráculos, eles eram geralmente precedidos pela afirmação: "Assim diz o Senhor". O pronunciamento que se seguia poderia ser positivo ou negativo. Se fosse positivo, eles costumavam dizer: "Bem-aventurados". Se fosse negativo, eles diziam: "Ai".

Em suas profecias, Isaías usava repetidamente a palavra "ai" para se referir ao julgamento de Deus sobre os outros. Cristo a usou ao dar esta rude repreensão aos líderes religiosos de Seus dias: "Ai de vós, escribas e fariseus, hipócritas" (Mt 23.13). Ela é uma palavra de maldição.

Em Isaías 6, vemos, na verdade, um profeta de Deus pronunciando uma maldição sobre si mesmo! Porém, Isaías provavelmente era o melhor homem daquela terra, um verdadeiro servo de Deus. Mas quando viu a santidade de Deus, podia ver apenas o seu pecado.

Então, ele disse: "Estou perdido" (v. 5). O termo hebraico fala de estar perdido, aniquilado ou destruído. Isaías estava dizendo: "Fui devastado pela santidade de Deus". Ele passou a confessar: "Sou homem de lábios impuros, habito no meio de um povo de impuros lábios". Ninguém pode ficar na presença de Deus sem se tornar profunda e devastadoramente consciente de sua própria miséria. Sinclair Ferguson declarou:

> Isaías estava certo: somos uma ruína moral e, somente pela graça de Deus, somos preservados diariamente da total autodestruição. Quando...

> a santidade de Deus quebranta o nosso espírito, somos libertos de todos os pensamentos superficiais e inadequadas sobre nossa própria santificação. Somos também preservados de todos os ensinamentos desprezíveis que nos encorajam a pensar que existem atalhos pelos quais podemos obter a santidade de modo mais fácil.
>
> A santidade não é uma experiência; ela é a reintegração de nosso próprio caráter, a reconstrução de uma ruína. É um trabalho habilidoso, um projeto de longo prazo que exige tudo o quanto Deus tem nos dado para a vida e a piedade.[4]

Se não entendermos a santidade de Deus, não compreenderemos nossa própria pecaminosidade. E se não entendermos o quão hediondo é o nosso pecado, não entenderemos suas consequências. A salvação será um conceito sem sentido para nós. Ter até mesmo um simples vislumbre da santidade de Deus deve ser devastador. Isaías nunca mais seria o mesmo. Nunca mais.

Apesar de Isaías ter sido devastado pela santidade de Deus, Deus não o deixou dessa maneira. Isaías segue escrevendo: "Então, um dos serafins voou para mim, trazendo na mão uma brasa viva, que tirara do altar com uma tenaz; com a brasa tocou a minha boca e disse: Eis que ela tocou os teus lábios; a tua iniquidade foi tirada, e perdoado, o teu pecado" (vv. 6-7).

Isaías respondeu à santidade de Deus com um coração quebrantado e contrito. Ele abandonou o pecado, seguiu o Deus santo e recebeu o perdão divino em consequência disso.

---

4 Sinclair Ferguson, *A Heart for God*, p. 91.

"SEDE SANTOS"

Pedro escreveu: "Segundo é santo aquele que vos chamou, tornai-vos santos também vós mesmos em todo o vosso procedimento, porque escrito está: Sede santos, porque eu sou santo" (1 Pe 1.15-16; cf. com Lv 11.44). Uma vez que o próprio Deus é santo, Ele quer que Seu povo seja santo. Viver uma vida santa nos distingue do mundo. Já somos posicionalmente santos em Cristo, mas Deus quer que nossa vida corresponda à nossa posição. Dessa forma, o mundo espectador verá a diferença que conhecer a Cristo faz na vida de uma pessoa. Paulo disse: "Aparte-se da injustiça todo aquele que professa o nome do Senhor" (2 Tm. 2.19). Se você professa seguir a Cristo, viva uma vida que prove isso.

Viver uma vida santa lhe dará ousadia diante de Deus. Isso envolve confessar e abandonar o pecado regularmente. Embora este conselho de Elifaz tenha sido dado a Jó de modo insensível, o conteúdo da fala de Elifaz não deixa de ser verdadeiro:

> *Se te converteres ao Todo-Poderoso, serás restabelecido;*
> *Se afastares a injustiça da tua tenda*
> *E deitares ao pó o teu ouro,*
> *Então, o Todo-Poderoso será o teu ouro*
> *E a tua prata escolhida.*
> *Deleitar-te-ás, pois, no Todo-Poderoso*
> *E levantarás o rosto para Deus.*
>
> Jó 22.23-26

Você não poderá encarar Deus e se deleitar nEle se houver pecado em sua vida. Sempre que houver pecado não confessado, você terá dificuldades para orar. Deus não quer que isso aconteça com você. Ele quer que você seja santo, mesmo que Ele tenha que discipliná-lo (Hb 12.4-11).

    O que você deve fazer para se tornar santo? Fazer o que Davi fez: orar por um coração puro (Sl 51.9-10). Depois, faça o que o filho de Davi sugeriu: "Quem anda com os sábios será sábio, mas o companheiro dos insensatos se tornará mau" (Pv 13.20). Esteja ao redor daqueles que o influenciarão para a santidade.

    O Senhor já lhe ensinou sobre a extensão da influência do pecado em sua própria vida? Você já se identificou com o clamor de Paulo, assim como o fez Robert Murray McCheyne: "Desventurado homem que sou! Quem me livrará do corpo desta morte?" (Rm 7.24). Se você não reconhecer a profundidade de sua própria pecaminosidade, terá pouco apreço pelas maravilhas da graça e da santidade de Deus.

Capítulo 4

Nosso
Deus
Onisciente

Uma notícia recente intitulada "Era Xanax ou Zantac?" disse o seguinte:

> Tem aumentado o número de relatos de danos e mortes devidos a confusões entre medicamentos com sons parecidos aos que são prescritos. Um artigo da revista American Pharmacy's, do mês de maio, relata 60 grupos de medicamentos com nomes semelhantes — que vão desde acetazolamida e acetohexamida (para glaucoma e diabetes respectivamente) até Xanax e Zantac (para ansiedade e úlceras).
> A confusão causada por nomes de medicamentos que passam despercebidos pelo sistema de segurança das indústrias é feita

pela combinação de médicos que escrevem as receitas de modo ilegível ou incompleto e farmacêuticos descuidados.

Um artigo recente da revista The New England Journal of Medicine comentou sobre dois farmacêuticos que venderam o analgésico Dorflex em vez do novo antibiótico Norfloxacina. Um paciente teve vertigens; o outro, alucinações.

Os pacientes podem se proteger pedindo aos médicos que escrevam em suas receitas a razão de determinado medicamento estar sendo usado. Logo, cabe a você verificar o rótulo antes de deixar o balcão da farmácia.[1]

Isso o assusta? Pense nisto: Quantas vezes você falhou em verificar suas receitas de forma rigorosa? Quantos outros aspectos da vida quotidiana podem facilmente dar errado por causa de um simples erro ou descuido?

A vida pode ser muito assustadora até que você entenda que Deus não é como o seu farmacêutico bem-intencionado. Com Ele, nunca há qualquer tipo de confusão. Ele nunca se confunde. Isso porque Ele é onisciente, sabe todas as coisas. Isaías escreveu: "Quem guiou o Espírito do SENHOR? Ou, como seu conselheiro, o ensinou? Com quem tomou Ele conselho, para que lhe desse compreensão? Quem o instruiu na vereda do juízo, e lhe ensinou sabedoria, e lhe mostrou o caminho de entendimento?" (Is 40.13-14). A resposta óbvia é: ninguém.

Porque o Seu conhecimento é infinito e perfeito, Deus nunca precisa aprender nada. Seu conhecimento é vasto — muito além do

---

[1] Marc Silver, Doug Podolsky e Anne Kates Smith, *U.S News & World Report* [Notícias dos E.U.A e Relatos do Mundo], 18 mai 1992, p. 76.

nosso. É por isso que quando oramos, não estamos dizendo a Deus coisa alguma que Ele já não saiba. A oração ajuda a alinhar os nossos desejos com a vontade de Deus. Ela agrada a Deus porque é um ato de obediência à Sua Palavra, mas não fornece informações adicionais a Ele.

No livro *The Knowledge of the Holy* [O Conhecimento do Santo], A.W. Tozer escreveu que

> Deus conhece tudo o que pode ser conhecido. Ele conhece tudo, instantaneamente, com uma plenitude de perfeição que inclui todos os itens possíveis do conhecimento de tudo o que existe ou poderia ter existido em qualquer lugar do universo, em qualquer momento no passado ou que possa existir nos séculos ou eras vindouras.
>
> Deus conhece... todas as causas, todos os pensamentos, todos os mistérios, todos os enigmas, todos os sentimentos, todos os desejos, todos os segredos não ditos, todos os tronos e domínios, todas as personalidades, as coisas visíveis e invisíveis no céu e na terra....
>
> Porque Deus conhece todas as coisas com perfeição, Ele não conhece uma coisa melhor do que qualquer outra, e sim todas igualmente bem. Ele nunca descobre nada, Ele nunca se surpreende, nunca se espanta. Nunca inquire sobre qualquer coisa nem busca informações ou faz perguntas (exceto quando quer atrair os homens para Si, para o próprio bem deles). Deus é autoexistente, e autossuficiente, e conhece o que nenhuma criatura jamais poderá conhecer — a Ele mesmo de modo perfeito... Somente o Infinito pode conhecer o infinito.[2]

---

2 A.W. Tozer, *The Knowledge of the Holy* [O Conhecimento do Santo], New York: Harper & Row, 1961], pp. 62-63).

SEM LUGAR PARA NOS ESCONDER

Deus conhece cada detalhe de nossa vida. Nada escapa à Sua atenção. "Até os cabelos da vossa cabeça estão todos contados", disse Cristo (Lc 12.7). Para Ele, não é necessário contar os cabelos de nossa cabeça porque Ele já sabe quantos são. Nem mesmo um pardal escapa à Sua observação (v. 6)!

Nada pode obscurecer o que o nosso Deus onisciente vê. Davi escreveu: "Até as próprias trevas não te serão escuras: as trevas e a luz são a mesma coisa" (Sl 139.12). A escuridão da noite não é nem uma abóbada que obscurece a visão de Deus nem uma capa para que uma pessoa esconda o seu pecado. A tendência natural da humanidade é amar as trevas mais do que a luz porque suas obras são más (Jo 3.19). Mas sempre que as pessoas tentam esconder o seu pecado, a brilhante luz da onisciência de Deus o expõe.

Talvez este seja o fato mais surpreendente da onisciência de Deus: Ele conhece *todos* os detalhes a nosso respeito, mas ainda nos ama. No Antigo Testamento, Deus conhecia o pecado de Israel, no entanto, respondeu-lhes com estas palavras de amor e misericórdia:

> *Desposar-te-ei comigo para sempre;*
> *Desposar-te-ei comigo em justiça, e em juízo,*
> *E em benignidade, e em misericórdias;*
> *Desposar-te-ei comigo em fidelidade,*
> *E conhecerás ao SENHOR.*
>
> Os. 2.19-20

Do mesmo modo, "Deus prova o seu próprio amor para conosco pelo fato de ter Cristo morrido por nós, sendo nós ainda pecadores" (Rm 5:8). Ele conhecia os nossos pecados, mas, voluntariamente, deu Seu Filho para morrer por nós na cruz.

Nosso Senhor Jesus Cristo, Deus em carne humana, "sonda mentes e corações" daqueles que professam o Seu nome (Ap 2.23). Nenhum dos nossos pensamentos está além de Seu conhecimento. As Escrituras nos dizem que Ele "conhecia todos [os homens]" e "não precisava de que alguém lhe desse testemunho a respeito do homem, porque ele mesmo sabia o que era a natureza humana" (Jo 2.24-25).

Davi disse: "Ainda a palavra me não chegou à língua, e tu, SENHOR, já a conheces toda" (Sl 139.4). Deus conhece os nossos pensamentos antes mesmo de nós os expressarmos. Mesmo quando sussurram nossos pensamentos, Deus ouve as palavras como se elas estivessem sendo transmitidas publicamente.

A FUTILIDADE DA HIPOCRISIA

Não há um lugar secreto onde possamos nos esconder de Deus. Saiba também que Deus enxerga através de toda fachada hipócrita. Cristo desmascarou os líderes religiosos hipócritas de sua época dizendo que eles eram "semelhantes aos sepulcros caiados" (Mt 23.27). Os sepulcros eram caiados de branco para evitar que os viajantes em seu caminho para Jerusalém, para uma grande festa religiosa, tocassem inadvertidamente um túmulo e se tornassem impuros. Quando uma pessoa se tornava impura, tinha que passar por uma purificação cerimonial e era excluída da participação em certas atividades religiosas.

Embora os viajantes que entravam em Jerusalém enxergassem pureza, sepulcros brancos e brilhantes sob o sol, isso não mudava o que eles, de fato, eram: túmulos de pessoas mortas. Os líderes religiosos eram como os sepulcros caiados, pois tinham uma aparência religiosa exterior, mas por dentro estavam cheios de hipocrisia e de imundícia (v. 28). Eles eram culpados por enganar e contaminar a todos com o seu ensino. Cristo conhece cada coração, e nada o enganará, nem mesmo uma exibição exterior de religiosidade. Às vezes parece que os pecados do ímpio passam despercebidos para Deus — principalmente se eles forem prósperos e bem-sucedidos nas coisas do mundo. Mas Davi tinha a perspectiva correta quando disse:

> *Descansa no SENHOR e espera nele,*
> *não te irrites por causa do homem que prospera em*
> *seu caminho,*
> *por causa do que leva a cabo os seus maus desígnios.*
> *Deixa a ira, abandona o furor;*
> *não te impacientes; certamente, isso acabará mal.*
> *Porque os malfeitores serão exterminados,*
> *mas os que esperam no SENHOR possuirão a terra.*
> *Mais um pouco de tempo, e já não existirá o ímpio;*
> *procurarás o seu lugar e não o acharás.*
> *Mas os mansos herdarão a terra*
> *e se deleitarão na abundância de paz.*
>
> Sl. 37.7-11

A prosperidade dos ímpios não durará para sempre. Virá um dia quando o pecado que está agora escondido será desmascarado e punido.

No fundo, os ímpios têm a esperança de que Deus os julgará por meio de algo que não seja a verdade. Eles podem tentar se esconder por detrás de sua identidade nacional, da afiliação à igreja, do batismo, da aceitação das regras ou da moralidade. Muitas pessoas que vão à igreja não conhecem o Senhor de fato. Elas parecem ser piedosas, mas seu coração é semelhante aos sepulcros caiados. Cristo alertou para o fato de que muitos professarão segui-Lo, sem conhecê-Lo de verdade (Mt 7.22-23). Os perdidos, sejam eles religiosos ou não, precisam abandonar seus pecados e confiar no Deus onisciente como seu Salvador.

Ninguém deve pensar que pode brincar com o Deus todo-sábio, "porque Deus há de trazer a juízo todas as obras, até as que estão escondidas, quer sejam boas, quer sejam más" (Ec 12.14). Deus conhece todos os fatos. Seu julgamento será justo e preciso, porque será de acordo com a verdade. Sua percepção jamais é distorcida, porque Ele disse:

> *Eu, o SENHOR, esquadrinho o coração,*
> *eu provo os pensamentos;*
> *e isto para dar a cada um segundo o seu proceder,*
> *segundo o fruto das suas ações.*
>
> Jr. 17.10

Muitas vezes nos enganamos acerca do nosso pecado, mas Deus não se engana. Ele sabe os pecados de quem ainda permanece sem confissão. Ele conhece aqueles que constroem uma fachada externa. Seu julgamento nunca se baseia na aparência ou na profissão de fé, mas sempre na verdade. Ele "não vê como vê o homem. O homem vê o exterior, porém o SENHOR, o coração" (1 Sm 16.7). Esse é o Deus que você conhece?

ENCONTRANDO A SABEDORIA DE DEUS

A sabedoria de Deus poderia ser definida como a onisciência agindo com uma vontade santa. Tozer explicou isso da seguinte maneira:

A sabedoria, entre outras coisas, é a capacidade de planejar fins perfeitos e alcançar esses fins através dos meios mais perfeitos. Ela vê o fim desde o princípio, por essa razão, não pode haver necessidade de fazer suposições ou conjecturas. A sabedoria vê todas as coisas em foco, cada uma delas numa relação adequada com todas as outras, e, assim, é capaz de trabalhar na direção de alvos predestinados com uma precisão completamente perfeita.

Todos os atos de Deus são feitos com sabedoria perfeita, primeiramente para a Sua própria glória, e, depois, para o bem mais elevado, no maior grau possível, pelo período de tempo mais duradouro. E todos os Seus atos são tão puros quanto sábios, e tão bons quanto sábios e puros. E Seus atos não poderiam ser feitos de maneira melhor - uma maneira melhor para fazê-los não pode nem mesmo ser imaginada.[3]

Deus conhece o início e o fim, bem como cada passo dado nesse intervalo. Seu conhecimento perfeito resulta numa sabedoria perfeita, pois Ele é "o Deus único e sábio" (Rm 16.27).

O homem não redimido, no entanto, considera a sabedoria de Deus como tolice. Paulo escreveu:

> *Certamente, a palavra da cruz é loucura para os que se perdem, mas para nós, que somos salvos, poder de Deus. Pois está escrito:*

---

3 *The Knowledge of the Holy*, p. 66.

> *Destruirei a sabedoria dos sábios e aniquilarei a inteligência dos instruídos.*
> *Onde está o sábio? Onde, o escriba? Onde, o inquiridor deste século? Porventura, não tornou Deus louca a sabedoria do mundo? Visto como, na sabedoria de Deus, o mundo não o conheceu por sua própria sabedoria, aprouve a Deus salvar os que creem pela loucura da pregação...*
> *Mas nós pregamos a Cristo crucificado, escândalo para os judeus, loucura para os gentios; mas para os que foram chamados, tanto judeus como gregos, pregamos a Cristo, poder de Deus e sabedoria de Deus. Porque a loucura de Deus é mais sábia do que os homens; e a fraqueza de Deus é mais forte do que os homens... Mas vós sois dele, em Cristo Jesus, o qual se nos tornou, da parte de Deus, sabedoria, e justiça, e santificação, e redenção.*
> 1 Co 1.18-21, 23-25, 30, grifo meu

O problema com a sabedoria humana é que a razão humana, por si só, não pode deduzir respostas espirituais. A sabedoria humana é enganosa porque a pecaminosidade humana a maculou e ela é incapaz de perceber as coisas referentes a Deus sem a revelação divina (1 Co 2.8-14).

Deus é o único e verdadeiro diagnosticador de nossa condição. É por isso que Davi disse a Salomão: "conhece o Deus de teu pai e serve-o de coração íntegro e alma voluntária; porque o SENHOR esquadrinha todos os corações e penetra todos os desígnios do pensamento" (1 Cr. 28.9). Deus sabe tudo o que fazemos e por que o fazemos. Porque Ele sabe tudo sobre o coração humano e é capaz de diagnosticar sua verdadeira condição pecaminosa, a solução para essa condição também está ligada à Sua sabedoria.

Antes do início do mundo, Deus, em Sua infinita sabedoria, delineou um plano de redenção para que pecadores indignos pudessem desfrutar da glória eterna. Paulo falou dessa sabedoria divina como um mistério, uma sabedoria oculta, que Deus preordenou desde a eternidade para a nossa glória (1 Co 2.7). Ela é o Evangelho de Cristo, "em quem todos os tesouros da sabedoria e do conhecimento estão ocultos" (Cl 2.3). Somente aqueles que confiam em Cristo como Salvador e Senhor possuem essa sabedoria de Deus.

Paulo prossegue dizendo que seu ministério era "manifestar... o mistério, desde os séculos, oculto em Deus... para que... *a multiforme sabedoria de Deus* se torne conhecida, agora, dos principados e potestades nos lugares celestiais" (Ef 3.9-10, grifo meu). A palavra grega para "multiforme" é encontrada apenas nesse texto no Novo Testamento e significa "multicolorida". Sinclair Ferguson escreveu: "a sabedoria de Deus é como o arco-íris, em simetria, beleza e variedade. Ele não pinta cenas apenas em preto e branco, mas usa uma profusão de cores da paleta celestial a fim de mostrar a maravilha de Seu tratamento sábio para com Seu povo".[4]

Essa sabedoria multicolorida de Deus é exibida diante dos anjos, "pela igreja" (Ef 3.10). Os anjos podem ver o poder de Deus na Criação, a ira de Deus no Monte Sinai e o amor de Deus no Calvário. Mas eles veem a sabedoria de Deus na Igreja.

Era o plano sábio e eterno de Deus tomar judeus e gentios, homens e mulheres, escravos e livres e torná-los um juntamente

---

4 *A Heart for God*, p. 72.

com o Pai, o Filho e o Espírito Santo. À luz disso, Paulo exclamou: "Ó profundidade da riqueza, tanto da sabedoria como do conhecimento de Deus! Quão insondáveis são os seus juízos, e quão inescrutáveis, os seus caminhos!" (Rm 11.33).

CONFIANÇA EM MEIO ÀS DIFICULDADES

Quando eu era criança, a doutrina da onisciência era algo que me inspirava confiança. Meus pais foram rápidos em me lembrar de que Deus sabia tudo o que eu fazia. Mas à medida que crescia, comecei a perceber que a onisciência de Deus é verdadeiramente um benefício para o cristão.

A onisciência de Deus certamente se provou benéfica para Pedro, como revelado nesta conversa que ele teve com Cristo:

> *Perguntou Jesus a Simão Pedro:*
> *Simão, filho de João, amas-me...?*
> *Ele respondeu: Sim, Senhor, tu sabes que te amo.*
> *Ele lhe disse: Apascenta os meus cordeiros.*
> *Tornou a perguntar-lhe pela segunda vez: Simão, filho de João, tu me amas?*
> *Ele lhe respondeu: Sim, Senhor, tu sabes que te amo.*
> *Disse-lhe Jesus: Pastoreia as minhas ovelhas.*
> *Pela terceira vez Jesus lhe perguntou: Simão, filho de João, tu me amas?*
> *Pedro entristeceu-se por ele lhe ter dito, pela terceira vez: Tu me amas? E respondeu-lhe: Senhor, tu sabes todas as coisas, tu sabes que eu te amo.*
> *Jesus lhe disse: Apascenta as minhas ovelhas.*
> *Em verdade, em verdade te digo que, quando eras*

> mais moço, tu te cingias a ti mesmo e andavas por onde querias; quando, porém, fores velho, estenderás as mãos, e outro te cingirá e te levará para onde não queres.
> Disse isto para significar com que gênero de morte Pedro havia de glorificar a Deus. Depois de assim falar, acrescentou-lhe: Segue-me.
>
> Jo. 21.15-19, grifo meu

Depois de tentar convencer Cristo, por duas vezes, de que ele o amava, Pedro apelou para a onisciência de Cristo. Pedro o havia negado três vezes anteriormente, mas, no entanto, estava confiante de que o Todo-sábio sabia o que estava realmente em seu coração. E porque Cristo, de fato, conhecia o amor de Pedro, disse a ele para ministrar aos Seus crentes.

Cristo não só sabia o que estava no coração de Pedro, como também a forma como Pedro iria morrer. Pelo que vemos acerca de Pedro no restante do Novo Testamento, essa perspectiva de perseguição e morte não fez com que ele vacilasse nem um pouco. No livro de Atos, vemos sua coragem e confiança na proclamação da mensagem do Evangelho. Depois de ser libertado da prisão e de ter recebido ordens para não evangelizar, Pedro declarava ousadamente em todo o tempo: "Antes, importa obedecer a Deus do que aos homens" (At 5.29).

De onde ele tirou essa confiança? O Espírito Santo havia, com certeza, dado poder a ele. Mas, sem dúvida, havia outra razão oculta: ele estava convencido de que Deus sabia o que era melhor para a sua vida. Ele estava disposto a pôr sua confiança no Deus cuja sabedoria é perfeita e cujo conhecimento é infinito.

E você? Você conhece a Deus dessa maneira? Você está disposto a confiar nEle sem reservas com a sua vida?

CONFORTO PARA CADA SITUAÇÃO

Você já se perguntou se Deus se esqueceu de você? Foi assim que um pequeno grupo de pessoas piedosas se sentiu na época de Malaquias. Eles viviam em meio a uma sociedade corrupta e ímpia, e começaram a temer: "Quando Deus julgar os ímpios, Ele se esquecerá que pertencemos a Ele e nos julgará juntamente com eles"? Em Malaquias 3.16-17, lemos:

> *Então, os que temiam ao SENHOR falavam uns aos outros; o SENHOR atentava e ouvia; havia um memorial escrito diante dele para os que temem ao SENHOR e para os que se lembram do seu nome.*
> *Eles serão para mim particular tesouro, naquele dia que prepararei, diz o SENHOR dos Exércitos; poupá-los-ei como um homem poupa a seu filho que o serve.*

Deus conhecia a devoção que eles tinham por Ele. Ele até a registrou num livro — não porque Ele se esquece, mas porque Ele quis proporcionar conforto e segurança àqueles crentes preciosos. Deus conhece todos os que pertencem a Ele porque Ele colocou os seus nomes no Livro da Vida antes do início do mundo (Ef 1.4).

Assim como os crentes dos dias de Malaquias, Davi encontrou também conforto na onisciência de Deus. Ele estava ciente de que Deus estava intimamente inteirado de todos os seus caminhos, porque ele disse: "Contaste os meus passos quando sofri perseguições; recolheste as minhas lágrimas no teu odre" (Sl 56.8). Era uma prática comum no Oriente contratar carpideiras para os funerais. Essas carpideiras guardavam suas lágrimas num frasco. Talvez esse fosse o modo de provar que mereciam o seu salário. A declaração de Davi de que Deus recolhe as nossas lágrimas nos diz que Ele conhece o porquê delas. Seu conhecimento a nosso respeito é íntimo, pois Ele conhece todas as provações que teremos de suportar.

Essa grande verdade consolou um Pastor que viveu durante um dos períodos mais turbulentos da História Inglesa. Seu nome era Richard Baxter, ele era um conselheiro do Senhor Protetor da República da Inglaterra Oliver Cromwell durante a Guerra Civil Inglesa (do século XVII). Por causa de suas crenças puritanas, Baxter foi posteriormente perseguido, preso e proibido de pregar.

Aos setenta anos de idade e sofrendo de tuberculose, ele foi condenado a um ano e meio de prisão. Embora a situação de Baxter fosse desoladora, este poema reflete sua fé inabalável no nosso Deus onisciente e Salvador:

> Senhor, não é minha preocupação
> Saber se vou morrer ou viver;
> Amar e servir-Te são minha porção,
> E esta deve graças a Ti render.
>
> Se a vida longa for, feliz estarei,
> Pois Te obedecerei por tempo considerável;
> E se for curta, por que me entristecerei
> Ao saudar o dia infindável?
>
> Cristo não me leva a nenhum cômodo sombrio
> Por onde Ele mesmo já não tenha passado;
> Por esta porta deve passar sem desvio
> Todo aquele que quer entrar em Seu reinado

Vem, Senhor, quando a graça irá permitir
Que Teu rosto bendito eu possa ver?
Pois, se na Terra é doce o Teu agir,
Como, então, a Tua glória há de ser?

Meu saber sobre aquela vida é diminuto,
Os olhos da fé estão a se turvar;
Basta-me ver que o saber de Cristo é absoluto
E que com Ele hei de estar.

Assim como Richard Baxter se apegou à onisciência do Senhor, você também pode fazê-lo.

Capítulo 5

Nosso
Deus
Onipresente

Durante a II Guerra Mundial, meu amigo Herb Clingen, sua esposa grávida e seu jovem filho passaram três anos numa prisão japonesa em Los Baños, nas Filipinas. Eles haviam trabalhado como missionários. Anos mais tarde, eles escreveram:

> Nós não sabíamos, mas nossos capturadores esperavam que os soldados americanos fizessem uma tentativa de resgate a qualquer momento. Os guardas do campo estavam preparados para um massacre em grande escala. Eles haviam colocado tambores enormes de gasolina por todo o barracão. Se os soldados americanos tentassem nos salvar, a gasolina seria incendiada. Os prisioneiros que corressem para fora do barracão, em meio às

chamas e confusão, poderiam ser abatidos por um lança chamas...

Ainda pior, no campo de prisioneiros em Palawan, os guardas japoneses, pensando erroneamente que seriam atacados, forçaram 140 prisioneiros a entrar em abrigos subterrâneos, encharcaram-nos com gasolina e puseram fogo neles. Los Baños foi definido como algo semelhante ao holocausto, só que desta vez com civis, incluindo centenas de mulheres e crianças.[1]

Herb manteve um diário enquanto estava na prisão. Em um de seus registros, ele anotou o seguinte:

A situação no presente: uma morte por dia durante os últimos seis ou sete dias. Estas, causadas por desnutrição, que resultou em beribéri. Nossa única esperança é Deus. Nunca antes havia me lançado com tanta intensidade sobre o Senhor. Não vai demorar muito agora... A oração do meu coração é para que eu não o desaponte! "Não andeis ansiosos de coisa alguma" (Fp 4.6). Ainda que Ele me mate, confiarei nEle (p. 12).

Entretanto, no mesmo dia em que estava programado para que eles fossem exterminados, o general Douglas MacArthur e suas forças os libertaram do cativeiro. Embora eles estivessem em grande

---

1 Herb e Ruth Clingen, "Song of Deliverance" in *Masterpiece*, primavera de 1989: 10.

perigo, Herb e Ruth encontraram um enorme conforto na presença permanente de Deus.

É reconfortante saber que Deus está com seus filhos amados onde quer que estejam — principalmente se eles estiverem enfrentando a morte num campo de prisioneiros a milhares de quilômetros de casa! Como é lamentável, no entanto, que ao longo da história, as pessoas tenham tentado limitar a presença de Deus. O povo de Israel, por exemplo, empenhou-se para confiná-lo ao templo de Jerusalém. Muitos acreditavam que Ele habitava naquela estrutura real. Entretanto, Deus não pode ser limitado a uma estrutura construída por mãos humanas.

A Shekinah realmente habitou entre as asas dos querubins no topo do propiciatório, mas isso era apenas um símbolo de Sua presença, não a essência completa da mesma. Salomão compreendeu essa verdade, pois ao dedicar o templo ao Senhor, ele orou: "Mas, de fato, habitaria Deus na terra? Eis que os céus e até o céu dos céus não te podem conter, quanto menos esta casa que eu edifiquei!" (1 Reis 8.27). Deus estava presente no templo, mas também estava presente em todos os outros lugares. Um judeu com discernimento sabia que o templo era nada mais que uma lembrança da onipresença de Deus.

No Antigo Testamento, o tabernáculo e o templo eram lugares reais onde Deus estabeleceu, de forma simbólica, o trono da Sua majestade. Hoje, a igreja, que é formada pelos crentes, representa o trono de Deus. No reino milenar, Cristo, governando sobre o trono de Davi em Jerusalém, representará a presença de Deus. No céu, o trono de Apocalipse 4 e 5 o representará. Mas nenhum símbolo de Sua presença será uma prisão para a Sua essência.

Conforme observado anteriormente, os israelitas não foram os únicos a tentar limitar a presença de Deus. Os sírios, que adoravam os deuses dos vales, achavam também que o Deus de Israel era o deus das montanhas (1 Re 20.23). É claro que o Monte Sinai, o monte Gerizim, o planalto de Jerusalém e outras montanhas desempenharam um papel importante para a adoração de Israel. Sabemos que os profetas geralmente subiam as montanhas para orar, assim como fez Cristo. Mas o Criador de todo o mundo não pode estar limitado a uma montanha.

Ainda hoje, muitos dos que se dizem cristãos tentam limitar Deus. Eles o veem como uma figura confinada ao céu, sentado num trono brilhante, bem distante em algum palácio celestial. Eles não o imaginam estando em nenhum outro lugar.

Entretanto, Deus jamais poderia ser confinado a lugar algum porque Ele é onipresente. Seu ser enche o infinito eterno. O próprio Deus declarou: "porventura, não encho eu os céus e a terra?" (Jr 23.24). Não há limite para Ele. Ele está em todo lugar. Stephen Charnock escreveu:

> Assim como [Deus] não é medido pelo tempo, Ele não é também limitado pelo espaço.... Deus, por ser infinito, enche tudo, todavia, não está contido no tudo, assim como o vinho e a água podem ser contidos num frasco. Ele está desde as alturas do céu até o fundo das profundezas, em cada ponto do mundo e ao redor do mundo, mas não está limitado por ele, e sim, além dele.[2]

Seu ser não conhece limites. Samuel Storms, em *The Grandeur Of God* [A Grandeza de Deus], segue dizendo:

---

2 Stephen Charnock, *The Existence and Attributes of God*, p. 148.

Deus é onipresente conforme a Sua ação. Ele não está presente na criação como um rei em seu reino ou como um capitão a bordo de seu navio. Ele não age no mundo de uma certa distância, mas está presente com todo o Seu ser poderosamente, aqui, e em todo lugar no que diz respeito à Sua essência e poder.

Embora Deus esteja totalmente presente em todas as coisas, todavia, Ele é distinto de todas as coisas. O universo é a criação de Deus e, portanto, no que diz respeito à Sua essência, não faz parte dEle. Desse modo, embora todas as coisas sejam permeadas e sustentadas por Deus (Cl 1.16-17, At 17.28), Deus não é todas as coisas. Por ser totalmente espírito, Deus não pode ser dividido ou separado de modo que uma parte de Seu ser esteja num determinado lugar e outra parte em outro lugar. Todo o Seu ser está em todos os lugares sempre.[3]

Mas para que você não comece a suspeitar que a onipresença de Deus é um assunto de interesse ou relevância apenas para os teólogos dos séculos passados, há pelo menos um oficial do governo que discordaria de você. Escrevendo para a seção de opinião do *Los Angeles Times* acerca de um tema de grande interesse dos cristãos na década de 1990, ele concluiu:

> Os americanos podem razoavelmente divergir sobre o fato de uma oração manufaturada

---

3 Samuel Storms, *The Grandeur Of God* [A Grandeza de Deus], excerto extraído do artigo da revista *Masterpiece* de setembro/outubro de 1989 do, pp. 8-9.

pelo Estado ser ou não autorizada nas escolas públicas, mas esta é uma visão incerta da fé cristã, para não dizer manipuladora: deduzir que uma agência estatal possa impedir a presença de Deus em algum lugar. Não se pode excluir Deus de lugar algum. A Suprema Corte dos E.U.A não pode manter o Deus onipresente fora de nossas escolas e nem o Congresso é necessário para trazê-Lo de volta.[4]

SE DEUS É ONIPRESENTE, O QUE DIZER DO...

Alguns argumentam que, se Deus está em todo lugar, Ele deve ser impuro, porque as coisas impuras que o tocam poderiam contaminá-Lo. Mas isso não é verdade.

Sendo um Deus santo, Ele, de fato, entra no coração dos pecadores para inspecioná-los e convencê-los do pecado. Na verdade, Sua essência nunca se mistura com qualquer impureza. Ele é como os raios do sol: um raio de sol pode incidir sobre uma pilha de lixo, mas esse lixo não pode contaminar o raio de sol. Da mesma forma, nada pode contaminar Deus. Por exemplo, o nosso Senhor Jesus Cristo veio ao mundo e viveu entre os pecadores, no entanto, o apóstolo João disse acerca dEle: "nEle não existe pecado" (1 Jo 3.5). Ele interagiu com mulheres e homens pecadores durante toda a Sua vida na terra, mas permaneceu totalmente incontaminado por eles.

Outra objeção em relação à doutrina da onipresença de Deus é geralmente formulada assim: "A Bíblia não diz que Deus está perto

---

4 James A. Leach, "Personal Perspective" [Perspectiva Pessoal], Los Angeles Times, domingo, 6 de setembro de 1992. M6.

de algumas pessoas e longe de outras? Como Ele pode estar próximo e distante se Ele está em todo lugar o tempo todo"?

Isaías, na verdade, exortou o povo a invocar o Senhor "enquanto [Ele] está perto" (Is 55.6). Em outra passagem, ele disse que a rebelião de Israel fez com que Deus se afastasse deles (Is 29.13; cf. com Pv 15.29). O mais importante a se ter em mente é a distinção entre a *essência* de Deus e Seu *relacionamento* com as pessoas. Ele está em todo lugar em Sua essência, mas apenas em alguns lugares de modo relacional.

No sentido relacional, tanto o Espírito Santo como o Senhor Jesus habitam em cada crente verdadeiro (Rm 8.9; Ef 3.17; Cl 3.11). Paulo escreveu: "Cristo em vós [é] a esperança da glória" (Cl 1.27). Mas antes que Ele habitasse em nós relacionalmente, como crentes, Sua essência estava presente para nos convencer do nosso pecado e nos salvar.

COMUNHÃO ININTERRUPTA COM DEUS

Conforme observado num capítulo anterior, Deus é Espírito — Ele é imaterial e invisível. Por essa razão, Ele não pode ser reduzido a uma imagem ou confinado a um lugar. Por causa dessa realidade, podemos desfrutar de uma comunhão ininterrupta com Deus em qualquer lugar, não apenas num determinado tempo ou lugar.

Mesmo nos tempos do Antigo Testamento, a adoração e a comunhão com Deus não se limitavam a uma determinada hora ou lugar. O povo judeu tinha o templo como um lugar especial de adoração, mas a presença simbólica de Deus tinha a intenção de promover a adoração como *um estilo de vida*. Ele era central de Deus para que a adoração do povo a Ele fosse muito além do sábado e dos dias de festa unicamente.

Paulo, falando aos filósofos de Atenas, disse:

> *O Deus que fez o mundo e tudo o que nele existe, sendo ele Senhor do céu e da terra, não habita em santuários feitos por mãos humanas. Nem é servido por mãos humanas, como se de alguma coisa precisasse; pois ele mesmo é quem a todos dá vida, respiração e tudo mais... para buscarem a Deus se, porventura, tateando, o possam achar, bem que não está longe de cada um de nós.*
>
> At. 17.24-25, 27

O Deus que se estende através do tempo e do espaço, do infinito e da eternidade não pode ser contido ou limitado. Logo, podemos ter comunhão com Ele em todos os momentos e lugares.

Jesus fez esta declaração muito importante: "Podes crer-me que a hora vem, quando nem neste monte [Monte Gerizim], nem em Jerusalém adorareis o Pai" (Jo 4.21). O que exatamente Ele estava querendo dizer?

No sentido individual, Ele poderia estar dizendo: "Vocês estão prestes a entrar num relacionamento com Deus por meio de mim, o qual permitirá que vocês adorem a Deus em seu coração, não apenas numa localização geográfica". No sentido histórico, Ele poderia estar dizendo: "Está chegando o tempo em que Jerusalém será destruída". Numa interpretação mais ampla possível, Ele poderia querer dizer: "Eu tornarei a redenção possível através da cruz do Calvário".

Cristo, então, acrescentou: "Mas vem a hora e já chegou, em que os verdadeiros adoradores adorarão o Pai em espírito e em verdade" (v. 23). Isso se refere a algo no futuro, mas também, no presente. Basicamente, ele estava dizendo: "Eu estou no período de transição. A hora já chegou (porque Eu estou aqui), em que a Antiga Aliança terá acabado e a Nova Aliança terá começado. Na Nova Aliança não haverá um lugar específico — não há nenhuma Jerusalém — onde adorar".

Jesus estava predizendo o fim do sistema cerimonial da adoração judaica. Seu fim chegou com Sua morte na cruz. O véu do templo foi rasgado em dois, de cima para baixo, expondo o Santo dos Santos (Mt 27.51). O Espírito de Deus, o iniciador da verdadeira adoração, firmou residência num novo templo: no corpo do crente (1 Co 6.19).

Como isso se aplica a você? Saiba que você pode ter comunhão com Deus onde quer que você vá. Você pode ter comunhão com Ele na praia, nas montanhas, no campo ou em sua sala. Você pode ter comunhão com Ele enquanto está dirigindo na estrada, sentado debaixo de uma árvore, andando numa floresta, sentado em sua varanda, olhando para as estrelas ou cheirando flores viçosas pela manhã. O crente pode ter comunhão com Deus em qualquer lugar porque ele é um templo que respira, no qual Deus habita. A esfera de nossa comunhão com Ele é ilimitada, pois Deus está em toda parte, em todo o tempo!

E você? Sua comunhão com Deus é restrita a um determinado lugar e horário? Ou você desfruta a comunhão com Ele como um estilo de vida?

John Owen, em seu livro *Communion with God* [A Comunhão com Deus], escreveu:

> É uma honra estar na presença dos príncipes, mesmo que seja como um servo. Que honra, então, têm todos os santos: estar na presença do Pai com ousadia e, lá, desfrutar de Seu amor! Que bênção a rainha de Sabá pronunciou

sobre os servos de Salomão, que estavam diante dele e ouviam a sua sabedoria. Mas quão mais bem-aventurados são aqueles que estão continuamente diante do Deus de Salomão ouvindo Sua sabedoria e desfrutando o Seu amor![5]

A PRESENÇA PERMANENTE DE DEUS

É especialmente reconfortante saber que sejam quais forem as provações que temos que suportar, Deus está sempre presente. Pode ser que não *sintamos* Sua presença, mas, na verdade, Ele sempre está lá. A promessa de Deus para Seus filhos é: "De maneira alguma te deixarei, nunca jamais te abandonarei" (Hb 13.5; cf. com Dt 31.6). Davi percebeu essa verdade, pois ele escreveu:

Para onde me ausentarei do teu Espírito?
Para onde fugirei da tua face?
Se subo aos céus, lá estás;
se faço a minha cama no mais profundo abismo, lá estás também;
se tomo as asas da alvorada
e me detenho nos confins dos mares,
ainda lá me haverá de guiar a tua mão.
Sl. 139.7-10

Ninguém pode se separar da presença de Deus, e o crente não pode ser separado do relacionamento com Deus.

A presença permanente de Deus trouxe um grande conforto a Moisés. Embora Deus o houvesse chamado para proclamar a Sua

---

[5] John Owen, *Communion with God* [A Comunhão com Deus], editado por R. J. K. Law, Carlisle, Pa.: The Banner of Truth Trust, 1991, pp. 34-37.

mensagem e para tirar Israel da escravidão, Moisés se queixou, alegando não ter capacidade para falar ao povo. Deus lhe respondeu: "Eu serei com a tua boca e te ensinarei o que hás de falar" (Êx 4.12). Esse é um aspecto prático da presença de Deus. Ele está presente para apoiar o nosso trabalho.

Esse tipo de apoio fica evidente na Grande Comissão, pois Jesus disse aos Seus discípulos: "Ide, portanto, fazei discípulos de todas as nações... ensinando-os a guardar todas as coisas que vos tenho ordenado. E eis que [Eu] estou convosco todos os dias até à consumação do século" (Mt 28.19-20). A palavra grega para "eis que" é uma exclamação para chamar a atenção, e a palavra "Eu" é enfática. O sentido do versículo é este: "Eu, Eu mesmo, o Filho ressurreto de Deus, estou sempre com vocês". Seja confortado sabendo que você permanece na presença de Cristo.

A presença permanente de Cristo é o que torna possível a tarefa de alcançar o mundo. Ele provê não só toda instrução correta, como também o poder de Sua própria presença. As pessoas geralmente duvidam que têm o poder para testemunhar de Cristo. Em vez disso, elas querem que seu Pastor testemunhe no lugar delas. Mas as pessoas têm o mesmo recurso que o Pastor. O poder de Deus está presente para *todo* o Seu povo.

BUSCANDO A PIEDADE

Deus nos dá esta promessa confortadora: "Não vos sobreveio tentação que não fosse humana; mas Deus é fiel e não permitirá que sejais tentados além das vossas forças; pelo contrário, juntamente com a tentação, vos proverá livramento, de sorte que a possais suportar" (1 Co 10.13). Sempre que a tentação vier, saiba que você tem a força dada por Deus para resistir. Embora cada um de nós, como crentes, esteja num nível diferente de maturidade, Deus supre cada um individualmente em seu nível a fim de defendê-lo ou fortalecê-lo contra a tentação.

Saber que Deus está sempre presente é uma motivação poderosa para resistir à tentação. Isso nos leva a perceber que tudo o que fazemos, fazemos na presença de Deus. Quando pecamos — seja com um pecado de pensamento, palavra ou ação —, esse pecado é feito na presença de Deus. Essa foi obviamente a atitude que José teve. Ao se recusar ceder à tentação, ele disse: "como, pois, cometeria eu tamanha maldade e pecaria contra Deus?" (Gn 39.9)

Na maioria dos casos, as pessoas preferem pecar quando não há ninguém observando. Talvez não sejamos tão cuidadosos em torno de nossa família ou amigos mais próximos, porque eles já estão cientes dos nossos problemas. Longe deles, no entanto, logo ficamos embaraçados quando somos apanhados. Mas perceba isto: sempre que você pecar, é como se você subisse aos pés do trono de Deus e pecasse bem ali. O que quer que você faça, você o faz na presença de Deus. Essa é uma consideração muito séria!

Jó disse a Deus: "não vê Deus os meus caminhos?" (Jó 31.4) Essa era a base de sua integridade (vv. 1-3). "Reconhece-o em *todos* os teus caminhos", disse Salomão (Pv 3.6, grifo meu). Em tudo o que você fizer, tenha a consciência de que Deus está sempre presente. Esse tipo de responsabilidade o ajudará a se guiar no caminho certo.

Ter consciência da presença de Deus o ajudará, não apenas a fugir do pecado, mas também a suportar o sofrimento. Pedro disse aos crentes que enfrentavam perseguição severa: "porque isto é grato, que alguém suporte tristezas, sofrendo injustamente, por motivo de sua consciência para com Deus" (1 Pe 2.19). "Consciência para com Deus" se refere a uma consciência geral da presença de Deus, o que é um incentivo para a conduta piedosa. Devemos manter um bom testemunho diante do perdido, suportando o fato de sermos maltratados, confiantes de que Deus está zelando por nós e controlando soberanamente todas as circunstâncias. A vida piedosa é uma questão de viver à luz da presença de Deus.

Samuel Storms escreveu: "A onipresença de Deus deve consolar os justos. Não importa qual seja a tribulação, não importa o lugar onde ela aconteça, não importa a rapidez com que ela nos assalte, não importa a profundidade de seu poder; *Deus está sempre conosco!* 'Ainda que eu ande pelo vale da sombra da morte, não temerei mal nenhum, *porque tu estás comigo*'".[6]

O SENHOR ESTÁ PERTO!

Paulo escreveu: "Perto está o Senhor. Não andeis ansiosos de coisa alguma" (Fp 4.5-6). Isso não se refere à segunda vinda de Cristo, mas ao Seu presente ministério consolador para conosco. Ele está presente o tempo todo. O salmista ecoou essa verdade, dizendo: "Tu estás perto, SENHOR" (Sl 119.151).

O Senhor nos cerca com Sua presença. Quando temos um pensamento, o Senhor está perto para lê-lo; quando oramos, Ele está perto para nos ouvir; quando precisamos de Sua força e poder, Ele está perto para nos prover essas coisas.

Essa consciência nos ajudará a não sermos ansiosos. Essa é uma lição que o profeta Habacuque aprendeu. Em sua época, as discórdias e a injustiça encheram a terra. Visto que ele queria saber por que Deus não estava fazendo coisa alguma a esse respeito, ele disse:

> *Até quando, SENHOR, clamarei eu,*
> *e tu não me escutarás?*
> *Gritar-te-ei: Violência!*
> *E não salvarás?*
>
> Hc. 1.2

---

6 Samuel Storms, comentário do Salmo 23.4, excerto de *Masterpiece*, p. 9.

Deus respondeu dizendo:

> *Vede entre as nações, olhai, maravilhai-vos e desvanecei, porque realizo, em vossos dias, obra tal, que vós não crereis, quando vos for contada. Pois eis que suscito os caldeus, nação amarga e impetuosa, que marcham pela largura da terra, para apoderar-se de moradas que não são suas (vv. 5-6).*

Deus planejava usar uma nação pagã para punir o povo de Habacuque. Esse não era o tipo de resposta que o profeta esperava ouvir. Ele teve uma reação visceral a essa notícia: "Ouvi-o, e o meu íntimo se comoveu, à sua voz, tremeram os meus lábios; entrou a podridão nos meus ossos, e os joelhos me vacilaram, pois, em silêncio, devo esperar o dia da angústia, que virá contra o povo que nos acomete" (3.16).

Mas, depois, Habacuque começou a se lembrar do que ele sabia a respeito do Senhor, pois ele disse: "Não és tu desde a eternidade, ó SENHOR, meu Deus, ó meu Santo? Não morreremos" (1.12). Habacuque se lembrou de que o Deus eterno está próximo. Por ser eterno, Deus está à frente, após, acima e livre da história, reinando na atemporalidade eterna. Essa verdade ajudou Habacuque a perceber que tudo faz parte do plano eterno de Deus, isso inclui as discórdias e a injustiça na terra. A invasão por forças inimigas não passaria despercebida para Deus. Isso não era uma casualidade. Deus estava perto, controlando soberanamente todas as circunstâncias.

Habacuque também se lembrou de que o Santo está perto. Ao lembrar que Deus é perfeito e que lidará com o pecado, ele reconheceu: "Tu és tão puro de olhos, que não podes ver o mal e a opressão não podes contemplar" (v. 13). Ele estava querendo dizer: "Sei que

Deus não pode agir independentemente de Sua santidade. Se Ele está nos punindo por causa do nosso pecado, sei que Ele punirá também os caldeus por causa dos pecados deles". Deus não estava num lugar remoto. Seus olhos santos estavam presentes para exercer o juízo.

Depois Habacuque se lembrou de outra verdade acerca de Deus: que Ele é fiel. "Não morreremos" é uma afirmação da Aliança de Deus com o Seu povo. Ele é fiel à Sua Palavra. Sua fidelidade é inseparável de Seu amor pactual, que é um amor eterno. Deus não está distante dos Seus. Sua fidelidade e amor são profundos.

Talvez Habacuque estivesse pensando: "Senhor, tudo o que sei a Seu respeito me diz para parar de me preocupar com esse problema. Não entendo isso, mas não preciso compreendê-lo. Na verdade, minha mente é pequena demais para entender isso, e foi o orgulho que me levou a pensar que eu poderia entender". Habacuque, através da meditação sobre o caráter do Senhor, aprendeu este princípio valioso: "O justo viverá pela sua fé" (Hc 2.4; cf. com Rm 1.17). A firme fé de Habacuque no Senhor fica evidente em suas palavras finais:

> *Ainda que a figueira não floresça,*
> *nem haja fruto na vide;*
> *o produto da oliveira minta,*
> *e os campos não produzam mantimento;*
> *as ovelhas sejam arrebatadas do aprisco,*
> *e nos currais não haja gado,*
> *todavia, eu me alegro no SENHOR,*
> *exulto no Deus da minha salvação.*
> *O SENHOR Deus é a minha fortaleza,*
> *e faz os meus pés como os da corça,*
> *e me faz andar altaneiramente*
>
> Hc. 3.17-19

Ele estava dizendo: "Se todas as coisas normais da vida, das quais dependo, de repente se desmoronarem, ainda assim colocarei minha esperança em Deus. Ele me dará capacidade e confiança para caminhar ao longo dos precipícios dos despenhadeiros da vida". Você também pode ter esse tipo de confiança. Saber que o Senhor está perto o ajudará a não "andar ansioso por coisa alguma" (Fp 4.6). O Senhor, que está em todo lugar, pode verdadeiramente lidar com qualquer coisa com a qual você se depare.

Capítulo 6

Nosso
Deus
Onipotente

Em seu artigo "Historic Grab in Space" [Captura Histórica no Espaço], Marcia Dunn escreveu:

> Ontem três astronautas conseguiram estender suas mãos enluvadas e agarrar quatro toneladas e meia - um satélite que girava lentamente - numa última e arriscada tentativa de salvar o artefato.
> "Houston, eu acho que temos um satélite", disse o comandante da nave Daniel Brandenstein de dentro da Endeavor depois que os três astronautas, formando um círculo do lado de fora da nave, puseram suas mãos na parte inferior do satélite e o seguraram com firmeza....

A Endeavor havia acabado de passar a sudoeste do Havaí, a 360 km de altura, viajando a 28.000 km/h.... Os três astronautas cercaram o satélite como se fossem três pernas de um tripé. A operação exigia uma delicadeza extraordinária, qualquer movimento brusco poderia fazer com que o combustível no interior do satélite começasse a chacoalhar.

A nave estava posicionada com a cauda na direção da Terra, e o planeta salpicado de azul girava lentamente por trás dos astronautas enquanto eles apanhavam o satélite.[1]

Certamente essa foi uma captura histórica no espaço. A capacidade para se lançar no espaço e pegar com as mãos um satélite que pesava muito mais do que um elefante deve surpreender a todos nós. Mas por mais espantoso que seja, isso é insignificante comparado à capacidade de Deus.

Deus é onipotente. Ele tem capacidade e poder para fazer qualquer coisa. Até um dos nomes hebraicos para Deus, *El Shadai*, fala do Seu poder. *El* fala sobre Deus, e *Shadai* significa "todo-poderoso". Seu nome se refere à Sua força e poder incríveis. Jó disse: "Se se trata da força do poderoso, ele dirá: Eis-me aqui; se, de justiça: Quem me citará?" (Jó 9.19) Ele percebeu que a força e o poder absolutos pertencem somente a Deus. O Apóstolo João exclamou: "Aleluia! Pois reina o Senhor, nosso Deus, o Todo-Poderoso" (Ap 19.6).

Isaías disse acerca do impressionante poder de Deus:

---

1 Marcia Dunn, "Historic Grab in Space" in *San Francisco Chronicle* [Crônicas de São Francisco], quinta-feira, 14 Maio, 1992, pp. 1- 5.

> *"Eis que as nações são consideradas por ele como um pingo que cai de um balde e como um grão de pó na balança; as ilhas são como pó fino que se levanta. Nem todo o Líbano basta para queimar, nem os seus animais, para um holocausto. Todas as nações são perante ele como coisa que não é nada; ele as considera menos do que nada, como um vácuo"*
>
> Is. 40.15-17

Quando Deus exerce o Seu poder, Ele o faz sem esforço. Para Ele, criar um universo não é mais difícil do que fazer uma borboleta. A.W. Tozer escreveu:

> Visto que Ele tem sob o Seu comando todos os poderes do universo, o Senhor Deus Onipotente pode fazer uma coisa de modo tão fácil quanto qualquer outra coisa. Todos os Seus atos são feitos sem esforço. Ele não gasta energia alguma que deva ser reabastecida. Sua autossuficiência torna desnecessário que Ele busque renovação de Suas forças em algo fora de Si mesmo. Todo o poder necessário para fazer tudo o que Ele quiser fazer reside na plenitude, que não diminui, de Seu próprio ser infinito.[2]

Stephen Charnock expande o nosso pensamento sobre o assunto:

---

2 A.W. Tozer, *The Knowledge of the Holy*, p. 73.

A onipotência de Deus é a habilidade que Ele tem para fazer acontecer o que quer que seja que o agrade.

Nossos desejos talvez sejam — e são — mais extensos do que o nosso poder, mas com Deus, o conselho dEle permanece, e Ele fará toda a Sua vontade (Is 46.10). Você deve ampliar ainda mais sua concepção do poder divino, em vez de pensar que Deus pode fazer apenas o que Ele resolve fazer. Na verdade, Ele tem uma capacidade infinita de poder de ação, assim como tem uma capacidade infinita de vontade para tomar resoluções. Seu poder é tanto, que Ele pode fazer tudo o que Lhe agrada, sem dificuldade ou resistência; Ele não pode ser inspecionado, refreado ou frustrado.

Quão inúteis seriam os Seus conselhos eternos se o Seu poder não pudesse executá-los. Sua misericórdia seria uma débil compaixão se Ele fosse destituído do poder de dar alívio; Sua justiça seria como um espantalho desprezado, sem o poder para punir; e Suas promessas, um som vazio, sem o poder para cumpri-las.[3]

Porque o poder de Deus é infinito, Ele "nem se cansa, nem se fatiga" (Is 40.28).

As pessoas geralmente questionam o que Deus faz, mas não compreendem que Ele pode fazer qualquer coisa que queira fazer. O salmista disse: "No céu está o nosso Deus e tudo faz como lhe agra-

---

3 Stephen Charnock, excerto extraído de *Masterpiece*, setembro/outubro de 1989:10.

da" (Sl 115.3). Paulo ilustrou a soberania de Deus demonstrando que Ele usou de misericórdia com alguns (Isaque e Jacó), ao passo que endureceu outros (Esaú e Faraó). Para aquele que argumenta contra o direito de Deus de fazer tais distinções, ele afirma com franqueza: "Quem és tu, ó homem, para discutires com Deus?! Porventura, pode o objeto perguntar a quem o fez: Por que me fizeste assim? Ou não tem o oleiro direito sobre a massa, para do mesmo barro fazer um vaso para honra e outro, para desonra?" (Rm 9.20-21).

Embora esse poder tamanho possa parecer assustador, lembre-se de que Deus *é bom*. Ele pode fazer qualquer coisa conforme Suas infinitas habilidades, mas fará somente aquelas que são coerentes com Ele mesmo. É por isso que Ele não pode mentir, tolerar o pecado ou salvar pecadores que não se arrependem.

A EXPRESSÃO DO PODER DE DEUS

O poder de Deus se expressa numa infinidade de maneiras. Vejamos algumas.

Na Criação

Davi louvou o nosso Deus Criador, dizendo: "Os céus por sua palavra se fizeram, e, pelo sopro de sua boca, o exército deles" (Sl 33.6). Ninguém ajudou Deus a criar o mundo, pois Ele disse: "Eu sou o SENHOR, que faço todas as coisas, que sozinho estendi os céus e sozinho espraiei a terra" (Is 44.24). Ele desejou que a criação existisse, chamando "à existência as coisas" que não existiam (Rm 4.17). A contemplação de Sua criação deve nos levar a valorizar o Seu grande poder. No entanto, o poder de Deus é maior do que qualquer coisa que Ele tenha criado.

Aquilo que Deus cria, Ele também sustenta, mantém e preserva. Ele sustenta "todas as coisas pela palavra do seu poder" (Hb

1.3). A palavra grega para "sustentar" significa "escorar" ou "manter". Ela é utilizada no tempo presente, o que implica numa ação contínua. Neste momento, Deus está sustentando tudo no universo. Isso é muito mais do que uma lei da natureza, é a atividade de Deus.

Você pode imaginar o que aconteceria se Deus renunciasse a Seu poder sustentador? Nós deixaríamos de existir. Nossa vida depende da constância das leis físicas que Ele estabeleceu.

Se Deus parasse de manter a lei da gravidade, não seríamos capazes de permanecer na Terra e, certamente, morreríamos. Ou considere o Sol. A temperatura de sua superfície é de quase seis mil e setecentos graus centígrados. Se estivesse mais perto da terra, seríamos queimados; se estivesse mais longe, congelaríamos.

Além disso, o nosso globo é inclinado num ângulo exato de vinte e três graus, o que nos permite ter as quatro estações. Se ele não fosse inclinado, os vapores do oceano se moveriam para o norte e para o sul, acabando por empilhar monstruosos continentes de gelo. Se a nossa atmosfera diminuísse de repente, os meteoros que hoje se incendeiam inofensivamente ao atingirem a atmosfera terrestre nos bombardeariam de forma constante.

Se a Lua não permanecesse a uma distância específica da Terra, a maré do oceano inundaria completamente a Terra duas vezes ao dia. Se o fundo do oceano deslizasse apenas mais alguns metros para baixo, o equilíbrio entre o dióxido de carbono e o oxigênio da atmosfera terrestre ficaria completamente descontrolado e nenhuma vida vegetal ou animal poderia existir na Terra.

As coisas não acontecem por acaso no nosso universo. Deus as sustém. Ele é o princípio de coesão. Não é um relojoeiro distante que criou o mundo, colocou-o em movimento e não se importou mais com ele desde então. A razão pela qual o universo é um cosmos e não caos — um sistema ordenado e seguro em vez de uma confusão errante e imprevisível — é o poder sustentador de Deus. Os cientistas que pensam que estão descobrindo verdades grandiosas não estão fazendo nada além de descobrir as leis de sustentação que Deus usa para controlar o mundo. Nenhum cientista, matemático ou astrônomo poderia descobrir qualquer coisa que estivesse além do poder sustentador de Deus, porque Ele monitora e sustenta os movimentos e o desenvolvimento de todo o universo. Seu governo de todo o universo manifesta Sua sabedoria inescrutável e Seu poder ilimitado. E Ele sustenta tudo pela palavra do Seu poder.

Uma questão frequentemente levantada é: se Deus nunca fica cansado por preservar e manter o universo, por que Ele descansou no sétimo dia da Criação? A resposta é: Deus não descansou literalmente, Ele simplesmente terminou a Sua obra de Criação. Se Ele tivesse descansado, tudo o que Ele havia feito nos primeiros seis dias teria se desintegrado. Deus não se cansa; Ele esteve tão ativo no sétimo dia como estivera nos outros seis — sustentando tudo o que Ele havia feito.

Na Salvação

F.B. Meyer escreveu:

> Entramos no ateliê do artista e lá encontramos pinturas inacabadas cobrindo grandes telas e sugerindo grandes projetos, mas que foram abandonados, seja porque o gênio não foi competente para concluir o trabalho ou porque a paralisia pôs morte em sua mão; mas quando entramos na grande oficina de Deus, não encontramos coisa alguma que possua uma marca de pressa ou de insuficiência de

poder para terminá-la e temos a certeza de que a obra que Sua graça começou há de ser completada pelo braço de Sua força.[4]

Esse foi o argumento de Paulo ao dizer: "aquele que começou boa obra em vós há de completá-la até ao Dia de Cristo Jesus" (Fp 1.6). A salvação é uma obra poderosa de Deus. Quando Deus começa essa grande obra numa pessoa, Ele a leva inevitavelmente à sua conclusão. Deus sempre termina o que começa.

Judas encerra sua carta com essa mesma nota:

> *Ora, àquele que é poderoso para vos guardar de tropeços e para vos apresentar com exultação, imaculados diante da sua glória, ao único Deus, nosso Salvador, mediante Jesus Cristo, Senhor nosso, glória, majestade, império e soberania, antes de todas as eras, e agora, e por todos os séculos. Amém!*
> (vv. 24-25).

A salvação não é como minha experiência de jogo de futebol. Lembro-me de ter ido para o vestiário depois de um jogo e de ter ouvido o treinador dizer: "Ei, você é a razão de termos perdido o jogo. Você não só se atrapalhou com a bola na linha de três jardas, como deixou o cara do outro time pegá-la e correr para marcar um *touchdown*. Foi culpa sua! Da próxima vez, agarre a bola"!

Não haverá repreensões no céu. O Senhor nunca dirá a alguém: "Você percebe que, por causa do que você fez, 200 pessoas deixaram de vir para cá"? Salvação significa que o Senhor guiará todos os pecadores arrependidos da justificação até à glorificação (Rm

---

4 F.B. Meyer, *The Epistle to the Philippians* [Carta aos Filipenses], Grand Rapids: Zondervan, 1952, p. 21.

8.30). Ele nunca deixará de levar todos os eleitos para o céu, porque Ele é o Deus Todo-Poderoso. A Redenção foi uma demonstração ainda maior do poder de Deus do que a Criação o foi. Não há aparentemente resistência contra a Criação, mas na Redenção, o diabo teve que ser subjugado, a morte teve que ser vencida e o pecado teve que ser tratado. Deus, então, escolheu "as coisas loucas do mundo para envergonhar os sábios e escolheu as coisas fracas do mundo para envergonhar as fortes" (1 Co 1.27). Deus enviou pessoas comuns ao mundo para espalhar a boa-nova da salvação. E num curto período de tempo, eles transtornaram o mundo (At 17.6).

Na Ressurreição

O poder de Deus é também manifestado em Sua capacidade de ressuscitar os mortos. Jesus disse aos Seus discípulos: "Mas, depois da minha ressurreição, irei adiante de vós para a Galileia" (Mt 26.32).

O povo judeu como um todo rejeitou as reivindicações messiânicas de Cristo. Ele foi acusado de ser um rebelde envolvido em atividades revolucionárias que visavam à subversão do governo romano. Os líderes religiosos o levaram diante de Pilatos, o governador, alegando que Ele era uma ameaça não apenas para o judaísmo, mas também para o sistema político romano!

Suas acusações políticas contra Cristo eram falsas: Ele não se posicionava contra Roma. No entanto, suas acusações religiosas eram verdadeiras: Cristo alegava ser o Messias (Mc 14.61-62). Cristo sabia que a confissão verdadeira de Sua divindade lhe custaria a vida.

Mas Cristo nunca proferiu uma mensagem de duplo sentido, mesmo diante do perigo iminente e da morte. Ele confessou abertamente Seu senhorio, Sua identidade messiânica e Sua autoridade soberana. Por quê? Porque Ele entregou Sua vida àquele que é capaz de ressuscitar os mortos. E, de fato, Ele "foi ressuscitado dentre os mortos pela glória do Pai" (Rm 6.4).

Cristo foi capaz de enfrentar a cruz não só por causa do poder do Pai, mas também por causa de Seu próprio poder. Ele mesmo tinha o poder de vencer a morte. Jesus disse: "Por isso, o Pai me ama, porque eu dou a minha vida para a reassumir. Ninguém a tira de mim; pelo contrário, eu espontaneamente a dou. Tenho autoridade para a entregar e também para reavê-la. Este mandato recebi de meu Pai" (Jo 10.17-18). Por meio de Sua morte, Ele devolveria a morte impotente ao diabo, que tinha o poder da morte (Hb 2.14). Ele lutou com a morte como se fosse um inimigo, e sem dificuldades.

Deus tem tanto poder que, no final dos tempos, Ele levantará dentre os mortos a cada ser humano que já viveu, tanto justos como injustos. "Não vos maravilheis disto, porque vem a hora em que todos os que se acham nos túmulos ouvirão a sua voz e sairão: os que tiverem feito o bem, para a ressurreição da vida; e os que tiverem praticado o mal, para a ressurreição do juízo" (Jo 5.28-29). Além disso, o livro de Apocalipse se refere ao julgamento feito do grande trono branco quando os ímpios são trazidos diante de Deus (Ap 20.11-15).

A GRANDEZA DO PODER DE DEUS

Paulo escreveu: eu faço menção de vós nas minhas orações para que "iluminados os olhos do vosso *coração*, para saberdes... qual a suprema grandeza do seu poder para com os que cremos, segundo a eficácia da força do seu poder" (Ef 1.18-19, grifo meu). As grandiosas verdades da posição do crente em Cristo são profundas e difíceis de serem compreendidas pela mente humana, mas não impossíveis de serem entendidas.

Muitas pessoas não compreendem o significado da palavra *coração* nas Escrituras, porque a nossa cultura geralmente usa o termo para se referir às nossas emoções. Muitas das nossas canções de amor mencionam o coração. Mas o termo, conforme utilizado na Bíblia, refere-se aos processos de pensamento — a mente, a vontade e o entendimento (cf. com Pv 23.7). A mente é o instrumento da percepção espiritual e da compreensão.

O que devemos compreender sobre o poder de Deus? Que ele é a fonte de *nosso* poder espiritual. Em Efésios 1.19, Paulo utilizou quatro palavras diferentes para descrever o poder que Deus nos dá. A primeira é *dunamis*, de onde se deriva a palavra *dinamite*. Ela é traduzida como "poder" e se refere ao poder inerente. A segunda é *energeia*, da qual deriva a palavra *energia*. Ela é traduzida como "obra" e se refere ao poder operante. A terceira é *kratos*, que pode ser traduzida por "força" ou "domínio" e refere-se ao poder supremo.

A quarta é *ischus*, traduzida como "poder", que se refere aos "dotados de poder". Deus nos deu um poder incrível. Muitas vezes você pode se encontrar dizendo que não tem poder ou força suficiente para lidar com determinada situação, mas isso não é realmente verdade. O grande poder de Deus está disponível e é suficiente para todas as suas necessidades (Fp 4.13, 19).

APLICANDO O PODER DE DEUS

Como o poder de Deus se aplica às nossas vidas como crentes? Vamos observar algumas maneiras.

Para a Adoração

Devemos adorar a Deus por causa do Seu poder. Deus disse a Seu povo: "mas ao SENHOR, que vos fez subir da terra do Egito com grande poder e com braço estendido, a ele temereis, e a ele vos prostrareis, e a ele oferecereis sacrifícios" (2 Re 17.36). Isso se aplica tanto ao Seu povo hoje como se aplicava aos israelitas naquele tempo. Devemos meditar mais sobre o Seu poder. Isso nos ajudará a nos concentrar menos em nossos problemas.

Para a Confiança

O poder de Deus é uma fonte de confiança. Sempre que você se sentir incapacitado, lembre-se das palavras de Paulo: "Tudo posso naquele que me fortalece" (Fp 4.13). Na força do poder de Deus, podemos realizar tudo o que Ele quer que façamos (1 Ts 5.24). Podemos viver com confiança todos os dias, sabendo que somos capazes de "fazer infinitamente mais do que tudo quanto pedimos ou pensamos, conforme o seu poder que opera em nós" (Ef 3.20).

Para a Esperança

O poder de Deus para a ressurreição é a base da nossa esperança. O testemunho de Paulo foi este:

> *Porquanto, para mim, o viver é Cristo, e o morrer é lucro. Entretanto, se o viver na carne traz fruto para o meu trabalho, já não sei o que hei de escolher. Ora, de um e outro lado, estou constrangido, tendo o desejo de partir e estar com Cristo, o que é incomparavelmente melhor. Mas, por vossa causa, é mais necessário permanecer na carne.*
>
> Fp. 1.21-24

Paulo não sabia o plano específico de Deus para sua vida, mas estava confiante em relação a isso, quer significasse vida ou morte. Ele preferia a alegria de estar na presença de Cristo no céu, mas pensava aparentemente que Deus o deixaria viver, porque ele sabia que os filipenses precisavam dele.

Visto que Cristo era toda a vida de Paulo, a morte só poderia ser lucro, uma vez que o conduziria à presença do Senhor. Sua confiança na capacidade do Senhor para ressuscitar os mortos o ajudou a não se deixar intimidar pelo sofrimento ou pela morte. Ele poderia se dedicar completamente ao Senhor sem abandonar o seu dever espiritual de preservar sua própria vida. A esperança da ressurreição deve nos ajudar a ter prioridades eternas, e não temporais.

O poder de Deus para ressuscitar não era um mistério para os crentes do Antigo Testamento. Jó disse: "Porque eu sei que o meu Redentor vive e por fim se levantará sobre a terra. Depois, revestido este meu corpo da minha pele, em minha carne verei a Deus. Vê-lo-ei por mim mesmo, os meus olhos o verão, e não outros" (Jó 19.25-27). Saber que o Senhor era o Todo-Poderoso o ajudou a suportar um grande sofrimento.

Daniel também sabia do poder de Deus para a ressurreição, pois um anjo lhe disse: "Muitos dos que dormem no pó da terra ressuscitarão, uns para a vida eterna, e outros para vergonha e horror eterno" (Dn 12.2). A ressurreição para a vida eterna é uma ressurreição dos justos (At 24.15).

Todos os crentes verdadeiros desfrutarão a vida eterna. A ressurreição para vergonha e horror eterno acontecerá no final do Milênio quando Deus levantará os corpos dos injustos dentre os mortos (cf. com Ap 20.11-15).

Isaías, que viveu mais de um século antes de Daniel, predisse que os mortos viveriam novamente:

> Os vossos mortos e também o meu cadáver
> Viverão e ressuscitarão;
> Despertai e exultai, os que habitais no pó,
> Porque... a terra dará à luz os seus mortos.
>
> Is. 26.19

O Senhor, através de Oséias, um contemporâneo de Isaías, disse:

> Eu os remirei do poder do inferno
> E os resgatarei da morte;
> Onde estão, ó morte, as tuas pragas?
> Onde está, ó inferno, a tua destruição?
>
> Os. 13.14

Davi escreveu:

> Alegra-se, pois, o meu coração, e o meu espírito exulta;
> Até o meu corpo repousará seguro.
> Pois não deixarás a minha alma na morte,
> Nem permitirás que o teu Santo [Cristo] veja corrupção.
>
> Sl. 16.9-10

Pensar no poder de Deus para a ressurreição deve também encher nosso coração de alegria, "sabendo que aquele que ressuscitou o Senhor Jesus também nos ressuscitará."

2 Co. 4.14

Para o Conforto

Quando você se vir preocupado com algo, perceba que não há nada grande demais que Deus não possa tratar. O próprio Deus lhe diz: "Eis que eu sou o SENHOR, o Deus de todos os viventes; acaso, haveria coisa demasiadamente maravilhosa para mim?" (Jr 32.27). Nada é difícil para Ele, porque o Seu poder é infinito. A. W. Pink escreveu:

> Os santos podem muito bem confiar em tal Deus! Ele é digno de confiança irrestrita. Nada é difícil demais para Ele. Se Deus fosse restrito em poder e se Sua força fosse limitada, bem que poderíamos nos desesperar. Mas vendo que Ele é revestido de onipotência, nenhuma oração é muito difícil de ser respondida por Ele; nenhuma necessidade é grande demais para que Ele não a supra; nenhuma paixão é forte demais para não ser subjugada por Ele, nenhuma tentação é forte demais para que Ele não possa nos libertar dela; nenhuma miséria é profunda demais para que Ele não possa aliviar.[5]

Stephen Charnock acrescenta este pensamento reconfortante:

> Assim como a onipotência é um oceano que não pode ser penetrado, o conforto que dela provém também é torrentes que não podem ser exauridas. Como é confortador saber que

---

5 A. W. Pink, *The Attributes of God*, Grand Rapids: Baker, 1975, p. 51.

temos um Deus que pode fazer o que lhe agrada: nada é tão difícil que Ele não possa realizar; nada é tão forte que Ele não possa prevalecer sobre ele! Não precisamos temer os homens, visto que temos Alguém que os detenha, nem temer aos demônios, uma vez que temos Alguém que os acorrente. Seu poder não foi gasto totalmente na Criação e nem é enfraquecido por Ele preservar todas as coisas. A quem o Senhor manifestaria o Seu braço eterno e os trovões incompreensíveis de Seu poder senão a Ele mesmo?[6]

Deus pode lidar com qualquer problema que tenhamos!

Para a Vitória

O poder de Deus é a base para a nossa vitória espiritual. Paulo disse: "Sede fortalecidos no Senhor e na força do seu poder" (Ef 6.10). Para a vitória, você deve ser como um guarda de sentinela. Quando o inimigo vier, você não deve lutar contra ele sozinho — você deverá dizê-lo ao comandante, e Ele liderará a batalha. Deus pode trazer a vitória espiritual, porque "maior é aquele que está em vós do que aquele que está no mundo" (1 Jo 4.4). Satanás é um inimigo poderoso, mas ele não é páreo para o poder de Deus.

Qual deveria ser a nossa reação diante do poder impressionante, majestoso e glorioso de Deus? Humildade. É fácil ser orgulhoso se os seus pensamentos estiverem em si mesmo e não

---

6 Stephen Charnock, excerto de *Masterpiece*, setembro/outubro de 1987: 10.

em Deus. É por isso que precisamos prestar atenção a esta admoestação: "Humilhai-vos, portanto, sob a poderosa mão de Deus, para que ele, em tempo oportuno, vos exalte" (1 Pe 5.6). Precisamos nos humilhar diante de nosso Deus todo-poderoso, porque, sem a capacitação que Ele nos dá, nada podemos fazer (Dt 8.8-10; Jo 15.5).

Capítulo 7

A Ira de Nosso Deus

Em 8 de julho de 1741, Jonathan Edwards pregou o seu mais famoso sermão já proferido na História da América. Esse sermão, "Pecadores nas Mãos de um Deus Irado", apresenta a verdadeira condição da humanidade caída e sua necessidade de salvação.

Aqui está um trecho de sua mensagem:

> Vossas iniquidades vos fazem pesados como chumbo, pendentes para baixo, pressionados em direção ao inferno pelo próprio peso, e se Deus permitisse que caíssem, vocês afundariam imediatamente, desceriam com a maior rapidez e mergulhariam nesse abismo sem fundo. Vossa saúde, vossos cuidados e prudência, vossos melhores planos, toda a vossa retidão, de nada valeriam para sustentar-vos e conservar-vos

fora do inferno. Seria como tentar segurar uma avalanche de pedras com uma teia de aranha. Se não fosse a misericórdia de Deus, a terra não suportaria vocês por um só momento, pois são uma carga para ela. A natureza geme por causa de vocês. A criação foi obrigada a se sujeitar à escravidão, involuntariamente, por causa da vossa corrupção. Não é com prazer que o Sol brilha sobre vocês para que sua luz vos alumie para pecarem e servirem a Satanás. A terra não produz de bom grado os seus frutos para satisfazer vossa luxúria. Nem está disposta a servir de palco à exibição de vossas iniquidades. Não é voluntariamente que o ar alimenta vossos corpos, mantendo viva a chama dos vossos corpos, enquanto vocês gastam a vida servindo aos inimigos de Deus. As coisas criadas por Deus são boas e foram feitas para que o homem, por meio delas, servisse ao Senhor. Não é com prazer que prestam serviço a outros propósitos e gemem quando são ultrajadas ao servirem objetivos tão contrários à sua finalidade e natureza. E a própria terra vomitaria vocês se não fosse a mão soberana d'Aquele a quem vocês tanto tem ofendido.

Eis aí as nuvens negras da ira de Deus pairando agora sobre vossas cabeças, carregadas por uma tempestade ameaçadora cheia de trovões. Não fosse a mão restringente (sic) do Senhor, elas arrebentariam imediatamente sobre vocês. A misericórdia soberana de Deus, por enquanto, refreia esse vento impetuoso, do contrário, ele sobreviria com fúria, vossa destruição ocorreria repentinamente, e vocês seriam como palha dispersada pelo vento.[1]

A maioria das pessoas é relutante em ver a Deus como um Deus de ira. Mas essa é uma das maneiras pelas quais as Escrituras o caracterizam. "O SENHOR é Deus zeloso e vingador", escreveu o profeta Naum. "O SENHOR toma vingança contra os seus adversários e reserva indignação para os seus inimigos. O SENHOR é tardio em irar-se, mas grande em poder e jamais inocenta o culpado... Quem pode suportar a sua indignação? E quem subsistirá diante do furor da sua ira? A sua cólera se derrama como fogo" (Na 1.2-3, 6).

Isaías disse: "Eis que vem o Dia do SENHOR, dia cruel, com ira e ardente furor, para converter a terra em assolação e dela destruir os pecadores" (Is 13.9). O Senhor mesmo disse: "Eis que a minha ira e o meu furor se derramarão sobre este lugar, sobre os homens e sobre os animais, sobre as árvores do campo e sobre os frutos da terra; arderá e não se apagará" (Jr 7.20).

No Novo Testamento, João Batista declarou: "A sua pá, ele a tem na mão e limpará completamente a sua eira; recolherá o seu trigo no celeiro, mas queimará a palha em fogo inextinguível" (Mt 3.12). Paulo disse em relação aos perdidos: "Mas, segundo a tua dureza e coração impenitente, acumulas contra ti mesmo ira para o dia da ira e da revelação do justo juízo de Deus" (Rm 2.5). No livro de Apocalipse, lemos acerca de Cristo: "Sai da sua boca uma espada afiada, para com ela ferir as nações; e ele mesmo as regerá com cetro

---

1 Jonathan Edwards, *Sinners in the Hands of an Angry God*, Phillipsburg, NJ: P & R Publishing, 1992, pp. 20-21, traduzido para o português como *Pecadores nas Mãos de um Deus Irado*, São Paulo: Editora PES.

de ferro e, pessoalmente, pisa o lagar do vinho do furor da ira do Deus Todo-Poderoso" (19.15).

As Escrituras retratam um quadro da ira de Deus completamente terrível e horripilante. No entanto, a igreja de hoje tem subtraído o tema do julgamento e silenciosamente omitido ou alterado a doutrina do inferno. Talvez você pense que estou falando apenas das igrejas liberais, que negam a inspiração das Escrituras e a veracidade do inferno completamente. Lamento dizer que não. Uma tendência crescente entre os evangélicos é o Aniquilacionismo, a doutrina teológica de que os ímpios deixarão de existir após esta vida.[2] Essa doutrina se opõe ao ensino bíblico sobre o tormento eterno e consciente no inferno (por exemplo, Mt 25.46; Mc 9.44,46,48; Lc 12.47-48; Jo 5.25-29; Hb 10.29; Ap 20.10-15). Essa é reconhecidamente uma questão sentimental. Um dos mais interessados líderes evangélicos admite: "Acho esse conceito [bíblico] intolerável e não compreendo como as pessoas podem conviver com ele".[3]

Esse é um assunto sério, porque as pessoas não podem compreender totalmente o amor de Deus sem compreender também a extensão da Sua ira. Deus é perfeito em amor — e igualmente perfeito em ira. Tanto o Antigo quanto o Novo Testamento refletem esse equilíbrio dizendo sobre Deus: "Amas a justiça e odeias a iniquidade" (Sl 45.7, Hb 1.9). R. A. Torrey escreveu:

> As visões superficiais acerca do pecado, e da santidade de Deus, e da glória de Jesus Cristo, e de Seu direito sobre nós são a razão fundamental das teorias deficientes a respeito da

---

[2] Por exemplo, Edward William Fudge, *The Fire that Consumes* [O Fogo que Consome] Houston: Providential Press, 1982], apoiado por F.F. Bruce, Clark Pinnock, John Wenham; e "John Stott on Hell" [Sobre o Inferno – John Stott] in *World* Christian, Maio 1989, pp. 31-37.
[3] John Stott, "John Stott on Hell in *World* Christian, p. 32.

condenação daqueles que não se arrependem. Quando vemos o pecado em toda a sua hediondez e enormidade, a santidade de Deus em toda a Sua perfeição e a glória de Jesus Cristo em toda a Sua infinitude; nada poderá satisfazer as exigências da nossa própria intuição moral senão a doutrina de que aqueles que persistem em escolher o pecado, em amar mais as trevas do que a luz e em rejeitar o Filho de Deus enfrentarão sofrimento eterno... Quanto mais perto de Deus os homens caminharem e mais dedicados se tornarem ao serviço dEle, mais provável será que não acreditem nessa doutrina.[4]

A PUREZA DA IRA DE DEUS

A ira de Deus não é como a ira humana. Na maioria das vezes em que ficamos com raiva, estamos ofendidos, e nosso orgulho se interpõe em nosso caminho. Isso é um reflexo do coração mau do homem. Mesmo quando estamos revoltados por motivos justos, nossa própria pecaminosidade costuma poluir nossa raiva. É por essa razão que não devemos transferir o nosso conceito de raiva para Deus. A ira de Deus é pura e não é maculada pelo pecado.

A ira de Deus é pura, porque está relacionada à Sua santidade, a qual exige que Ele não tolere o pecado. A purificação que Cristo fez no templo foi uma demonstração de Sua ira santa (Jo 2.13-16). Essa cena dramática foi Seu primeiro ato público em Jerusalém. Ele fez um chicote, expulsou as pessoas e os animais e virou as mesas porque o nome de Deus estava sendo desonrado.

---

4 R. A. Torrey, *What the Bible Teaches* [O que a Bíblia Ensina], New York: Revell, 1898, pp. 311-13.

A ira de Deus também é pura porque está relacionada à Sua justiça. Você se lembra do que aconteceu com Acã? Deus disse ao povo de Israel para não tomar coisa alguma de Jericó, mas Acã desobedeceu e escondeu alguns bens roubados debaixo de sua tenda. Josué, descobrindo que Acã era culpado, disse-lhe: "Dá glória ao SENHOR, Deus de Israel, e a ele rende louvores; e declara-me, agora, o que fizeste; não mo ocultes" (Js 7.19).

Por que Josué disse isso? Ele livraria Acã da culpa se ele confessasse? Não. Ele estava dizendo: "Antes que você receba seu justo julgamento da parte de Deus, confesse seu pecado e admita sua culpa. Confesse que a reação de Deus em relação ao seu pecado é justa". Qual foi o juízo de Deus? Acã e sua família, que provavelmente esteve envolvida em toda a operação, deveriam ser mortos.

Deus nunca comete erros ao exercer Sua ira. Ele não perde as estribeiras numa fúria momentânea. Quando Ele se ira, essa é a justa expressão de Sua santidade e justiça.

A REVELAÇÃO DA IRA DE DEUS

Paulo disse que a ira de Deus se revela do céu (Rm 1.18). A tradução literal é: "é constantemente revelada". A ira de Deus sempre se dá a conhecer. Ela tem sido visível ao longo de toda história humana.

Para início de conversa, Deus revelou Sua ira no Jardim do Éden. Quando Adão e Eva pecaram, eles foram expulsos do Paraíso; a terra foi amaldiçoada; e a morte se tornou uma realidade terrível. Essa foi uma enérgica lição para o mundo de que Deus odeia o pecado.

Vemos também a ira de Deus manifesta no Dilúvio, do qual Ele disse: "Farei desaparecer da face da terra o homem que criei, o homem e o animal, os répteis e as aves dos céus; porque me arrependo de os haver feito" (Gn 6.7). Deus também demonstrou Sua ira em coisas como a destruição de Sodoma e Gomorra, a maldição da Lei sobre cada transgressor e a instituição do sistema de sacrifícios. Talvez a maior demonstração da ira tenha sido o sofrimento e a crucificação de Cristo. Ele odeia o pecado de modo tão profundo que derramou Sua fúria sobre Seu próprio Filho amado.

Talvez você esteja pensando: *Mas parece que muitas pessoas pecam e se livram disso. A ira de Deus também se revelou contra elas?* No final, ela se revelará. Jonathan Edwards ilustrou essa verdade assim:

> A ira de Deus é como grandes águas represadas que crescem mais e mais, aumentam de volume, até que encontram uma saída. Quanto mais tempo a correnteza for reprimida, mais rápido e forte será o seu fluxo ao ser liberada.
>
> É verdade que até agora ainda não houve um julgamento por vossas obras más. A enchente da vingança de Deus encontra-se represada. Mas, por outro lado, vossa culpa cresce cada vez mais, e, dia a dia, vocês acumulam mais e mais ira contra si mesmos. As águas estão subindo continuamente, fazendo sua força aumentar mais e mais. Nada - a não ser a misericórdia de Deus - detém as águas as quais não querem continuar represadas e forçam uma saída. Se Deus retirasse Sua mão das comportas, elas se abririam imediatamente, e o mar impetuoso da fúria e da ira de Deus iria se precipitar com furor inconcebível e cairia sobre vocês com poder onipotente.[5]

---

5 Jonathan Edwards, *Pecadores nas Mãos de um Deus Irado*.

Deus pode decidir reter Sua ira por algum tempo, mas Ele acabará por liberá-la com grande fúria. Paulo explicou que os pecadores estão acumulando ira contra eles mesmos, mas que ela cairá sobre eles um dia (Rm 2.5).

Davi usou outra analogia para descrever como Deus desvia a Sua ira: "Se o homem não se converter, afiará Deus a sua espada; já armou o arco, tem-no pronto; para ele preparou já instrumentos de morte, preparou suas setas inflamadas" (Sl 7.12-13). Quanto mais Deus recua o arco, mais profundamente a flecha penetra quando Ele a dispara.

Se parece que os pecados dos homens e mulheres não são fiscalizados, pode ser que Deus esteja armazenando as águas de Sua ira e afiando Sua espada. Ele acertará todas as contas na hora certa e do modo certo.

Conta-se uma história de uma comunidade agrícola, na qual a maioria dos agricultores era de homens piedosos que se reuniam para adorar ao Senhor no domingo, em vez de trabalharem em seus campos. Com exceção de um agricultor que era ateu. Ele se considerava um livre-pensador e, muitas vezes, repreendeu seus vizinhos, dizendo: "Mãos que trabalham são melhores do que mãos que oram". Parte de sua propriedade fazia divisa com a igreja, e ele dirigia propositalmente seu trator durante os cultos. Em certo ano, quando sua terra produziu mais do que a de qualquer outra pessoa no município, ele entregou uma longa carta ao editor do jornal local gabando-se daquilo que o homem pode fazer por conta própria, sem a ajuda de Deus. O editor publicou a carta daquele homem e acrescentou este comentário expressivo: *Deus não acerta todas as Suas contas no mês de outubro.*

A NATUREZA PESSOAL DA IRA DE DEUS

Deus revela Sua ira do céu por meio de um envolvimento pessoal. Ele não é uma força cósmica que criou leis físicas e morais e apenas permitiu que elas seguissem seu curso. Sua ira não é um julgamento automático feito por um computador cósmico anônimo. A Bíblia demonstra uma reação muito intensa e pessoal no coração de Deus em relação ao pecado.

Alguns dos termos hebraicos usados no Antigo Testamento revelam com o que se parece a santa reação de Deus em relação ao pecado. *Charah*, por exemplo, significa "tornar inflamado, queimar com fúria". A ira de Deus se acendeu contra Israel porque eles se envolveram em rituais pagãos imorais (Nm 25.3). Deus instruiu Moisés a executar todos os líderes envolvidos para que a ira ardente fosse afastada do povo.

Outro termo é *charon*, que se refere a uma raiva ardente e feroz. A ira de Deus se acendeu contra os israelitas porque eles se desviaram rapidamente de Seus mandamentos e adoraram um bezerro de metal fundido (Êx 32.12).

Há ainda outro termo, *qatsaf*, que significa "ser amargo". Por Seu amor apaixonado por Israel, Deus usou as nações gentílicas para castigá-lo. Entretanto, ao mesmo tempo, Ele se irou, porque essas nações queriam aniquilar Seu povo. Porque as nações tinham um motivo maldoso contra Seu próprio povo, eles mesmos foram sujeitos à Sua ira (Zc 1.15).

Chemah se refere à peçonha ou veneno e está geralmente associada ao ciúme. Deus disse a Israel: "Julgar-te-ei como são julgadas as adúlteras e as sanguinárias; e te farei vítima de furor e de ciúme" (Ez 16.38). Porque a nação havia se prostituído com as nações pagãs vizinhas, a ira de Deus permaneceria severamente sobre ela até que aprendesse a não profanar o amor de seu Marido Divino — Deus.

O termo *za'am* nos diz também como é a reação do Deus santo em relação ao pecado: retrata alguém que está furioso. Davi escreveu: "Deus é justo juiz, Deus que sente indignação todos os dias" (Sl 7.11). A versão King James tem uma tradução mais vívida: "Deus fica irado com o ímpio todos os dias".

No Novo Testamento, Paulo escreveu que Deus retribuirá com *ira e indignação* "aos facciosos, que desobedecem à verdade e obedecem à injustiça. *Tribulação* e *angústia* virão sobre a alma de qualquer homem que faz o mal" (Rm 2.8-9, grifo meu).

A raiz da palavra grega traduzida por "ira" significa "correr apressadamente", "estar com pressa" ou "respirar intensamente". Ela tem sido usada desde a época de Homero para se referir à raiva que cresce dentro de uma pessoa. Nas Escrituras, ela é usada para descrever coisas tais como, o desejo de Faraó de matar Moisés, a raiva da multidão enfurecida que queria jogar Jesus de um precipício e o tumulto em Éfeso. Da mesma forma, a ira de Deus irromperá como um fogo consumidor contra aqueles que se opõem ao senhorio de Cristo.

O termo grego traduzido como "indignação" fala de um lançar de uma fúria ardente. Nesse ponto, a misericórdia e a graça acabam. A tolerância de Deus irrompe numa elevada e furiosa raiva.

O termo traduzido por "tribulação" diz respeito a colocar pressão sobre algo ou alguém. Ele se refere especificamente a uma aflição que resulta em sofrimento pessoal, como o sofrimento de Cristo e a perseguição esmagadora sofrida pela Igreja primitiva.

A palavra traduzida como "angústia" significa literalmente "estreito" — referindo-se à estreiteza ou confinamento de um lugar. Esse confinamento produz desconfortos inimagináveis e se refere ao tipo de aflição que os ímpios experimentarão no inferno. O Novo Testamento descreve o inferno como uma punição eterna, um fogo eterno, uma fornalha de fogo, um lago de fogo, fogo e enxofre, um fogo inextinguível e um lugar de sofrimento.[6]

---

6 Leia as referências: Mt 25.46; Mc 9.44,46, 48; Lc 12.47-48; Jo 5.25-29; Hb 10.29; Ap 20.10-15.

DO OBJETO DA IRA DE DEUS

A ira de Deus se revela "contra toda impiedade e perversão dos homens" (Rm 1.18). Sua ira é contra o pecado. Não é uma fúria descontrolada e irracional de um criminoso que pode descarregar sua vingança no primeiro que aparecer, em vez disso, ela é dirigida de forma discriminada e cuidadosa contra a impiedade e injustiça.

"Impiedade" é o resultado da quebra do relacionamento de uma pessoa com Deus. A ira de Deus é contra aqueles que não se relacionam com Ele corretamente. A impiedade dos incrédulos é evidenciada na sua impiedade para com Deus — sua falta de reverência, devoção e adoração, o que leva à idolatria.

A "injustiça" também afeta as relações das pessoas com os outros. Se você não está se relacionando com Deus corretamente e falha em reverenciá-Lo, seu relacionamento com todos ao seu redor não será correto também. O pecado ataca primeiramente a majestade e a lei de Deus. Depois ele ataca os outros. Uma pessoa trata a outra de modo injusto porque é assim que ela trata Deus. Por não ter um relacionamento correto com Deus, os relacionamentos e as negociações de uma pessoa se tornam corrompidos. A impiedade leva à injustiça; falhar em honrar as leis de Deus leva a maltratar os outros.

Não é de admirar que Deus odeie o pecado. Ele é a única coisa que impedirá qualquer pessoa de entrar em Sua presença e de se relacionar de forma justa com os outros.

A RAZÃO PARA A IRA DE DEUS

Há muitas razões para a ira de Deus, mas vamos nos concentrar em apenas uma, que é o pecado de rejeitar a revelação do próprio Deus na criação. Paulo escreveu que, apesar de todos os que já viveram estarem cientes da existência de Deus, "eles não o glorificaram como Deus, nem lhe deram graças; antes, se tornaram nulos em seus próprios raciocínios, obscurecendo-se-lhes o coração insensato" (Rm 1.21).

Se você duvida que todos começam com uma consciência de Deus, considere o depoimento surpreendente de Helen Keller. Quando Helen era uma criança, uma doença lhe roubou a capacidade de ver, ouvir ou falar. Através dos esforços incansáveis de sua professora particular Anne Sullivan, Helen aprendeu a se comunicar por meio do toque e, mais tarde, aprendeu a falar. Quando a senhorita Sullivan tentou falar de Deus para Helen pela primeira vez, Helen respondeu que já sabia a respeito dEle — ela só não sabia o Seu nome.[7]

A criação tem proporcionado a cada homem e mulher iluminação suficiente para perceber o poder sustentador de Deus e Sua divindade. Mas todos nós acabamos rejeitando essa revelação. Na verdade, as coisas que Deus deu às pessoas para levá-las para Si tornaram-se as mesmas coisas que elas usaram para crucificar a Cristo. Donald Grey Barnhouse explicou:

> *Deus dará um cérebro ao homem para fundir o ferro e fazer um martelo e pregos. Deus fará crescer uma árvore e dará força ao homem para cortá-la e cérebros para lidar com um martelo e talhar a madeira. E quando o homem tiver o martelo e os pregos, Deus estenderá a mão e deixará que o homem ponha pregos nela e o coloque na cruz, numa demonstração suprema de que os homens são indesculpáveis.*[8]

---

[7] Helen Keller, *The Story of My Life*, New York: Grosset & Dunlap, 1905, pp. 368-74 traduzido para o português como *A História de minha Vida*, São Paulo: José Olympio, 2008.
[8] Donald Grey Barnhouse, *Romans*, vol. 1 [Romanos, v. 1] Grand Rapids: Eerdmans, 1953], p. 245).

Em vez de responderem a Deus, as pessoas se opõem a Ele. Qual acusação exatamente é movida contra a humanidade pelo fato de rejeitar a Deus? Esta: "Porquanto, tendo conhecimento de Deus, não o glorificaram como Deus" (v. 21). O pior crime que pode ser cometido no universo é fracassar em dar glória a Deus ou crédito por quem Ele é. Mas isso é a essência dos homens e mulheres decaídos. Quando as pessoas se recusam a reconhecer os atributos divinos de Deus e que somente Ele é digno de exaltação, honra, adoração e louvor; eles cometem a afronta máxima contra Deus.

O Breve Catecismo de Westminster afirma com eloquência: "O fim principal do homem é glorificar a Deus e gozá-lo para sempre" (cf. com Sl 148; 1 Co 10.31). Mas glorificá-Lo é exatamente o que homens e mulheres, pecadores por natureza, *não* farão.

FUGINDO DA IRA DE DEUS

O apóstolo Paulo escreveu: "Todos pecaram e carecem da glória de Deus" (Rm 3.23). Foi assim que ele caracterizou toda a raça humana, que está sem regeneração. As pessoas se recusam a honrar Deus e dar-Lhe graças por tudo o que Ele lhes tem provido. Em vez disso, elas têm a tendência de dar crédito ao seu próprio poder e engenhosidade (Dt 10.10-18). Isso foi especificamente verdadeiro em relação a um determinado rei na Babilônia.

Nabucodonosor foi um dos maiores monarcas da história do mundo. Como rei de um poderoso império, ele se tornou orgulhoso e se estabeleceu como Deus. Ele tinha uma imagem de si mesmo, de 30 metros de altura, construída de ouro, e obrigava as pessoas a se prostrarem e adorá-la (Dn 3.5). A força do ego de Nabucodonosor era tamanha.

No entanto, o rei, mais tarde, testemunhou que Deus quebrou seu orgulho, humilhou-o e voltou o seu coração para Ele com fé. Tudo isso começou quando o rei teve um sonho. Em suas próprias palavras, ele conta o que aconteceu:

> Eu, Nabucodonosor, estava tranquilo em minha casa e feliz no meu palácio. Tive um sonho, que me espantou; e, quando estava no meu leito, os pensamentos e as visões da minha cabeça me turbaram.
>
> Dn. 4.4-5

A palavra aramaica traduzida como "tranquilo" significa que o rei estava livre de preocupações e medo. Naquela época, seu reino não tinha nenhum problema interno que fosse significativo ou oposição externa. E ele estava prosperando — "feliz" significa que sua vida estava literalmente "crescendo verdejante".

O sonho, no entanto, levou-o a entrar em pânico, tirando-o de sua condição de paz. Temeroso, ele convocou ajuda chamando os sábios da corte para interpretar seu sonho. Mas eles eram incapazes de fazê-lo.

Finalmente, Daniel, um judeu cativo piedoso que havia alcançado proeminência em sua administração, compareceu diante de Nabucodonosor. Ele respondeu respeitosamente: "Senhor meu, o sonho seja contra os que te têm ódio, e a sua interpretação, para os teus inimigos" (v. 19). Qual era o significado do sonho? Que Nabucodonosor seria humilhado durante sete anos. Ele se tornaria louco e agiria como um animal, mas não morreria. Após sete anos, ele recuperaria o seu trono, mas somente depois de reconhecer que todos os reinos pertencem a Deus - o Soberano sobre tudo. Qualquer pessoa que governe o faz apenas porque Deus lhe ordenou fazê-lo (Rm 13.1).

Após interpretar o sonho, Daniel disse: "Portanto, ó rei, aceita o meu conselho e põe termo, pela justiça, em teus pecados e em tuas iniquidades, usando de misericórdia para com os pobres; e talvez se prolongue a tua tranquilidade" (v. 27). Daniel estava clamando para que Nabucodonosor se arrependesse de seu pecado, entrasse num relacionamento correto com Deus e começasse a viver uma vida misericordiosa.

Mas o rei se recusou a fazer isso. Um ano mais tarde, tudo aconteceu conforme Daniel havia previsto. Nabucodonosor explicou o que ele havia aprendido após aqueles sete anos:

> *Eu... levantei os olhos ao céu, tornou-me a vir o entendimento, e eu bendisse o Altíssimo, e louvei, e glorifiquei ao que vive para sempre, cujo domínio é sempiterno, e cujo reino é de geração em geração.*
> *Todos os moradores da terra são por ele reputados em nada; e, segundo a sua vontade, ele opera com o exército do céu e os moradores da terra; não há quem lhe possa deter a mão, nem lhe dizer: Que fazes?.*
> *...Agora, pois, eu, Nabucodonosor, louvo, exalço e glorifico ao Rei do céu, porque todas as suas obras são verdadeiras, e os seus caminhos, justos, e pode humilhar aos que andam na soberba. (vv. 34, 35, 37).*

Que transformação! Nabucodonosor finalmente entendeu e aceitou a mensagem de Deus. Em vez de rejeitar Deus, Ele o glorificou. Assim como Nabucodonosor, cada pessoa perdida precisa compreender que Deus está extremamente irado com ela. Ela deve ser confrontada com a realidade de que ela permanece num estado de um julgamento inevitável diante de um Deus santo, que deve reagir em relação ao seu pecado.

E você? Você será como Daniel e advertirá os perdidos para fugirem da ira de Deus? Assim como Jonathan Edwards, sua mensagem pode ser esta:

> Queira Deus que todos aqueles que ainda estão fora de Cristo, pendentes sobre o abismo do inferno - quer sejam senhoras e senhores idosos ou pessoas de meia idade, quer jovens ou crianças -, possam dar ouvidos agora aos chamados da Palavra e da providência de Deus... Desperte e fuja da ira vindoura.[9]

---

9 Jonathan Edwards, *Pecadores nas Mãos de um Deus Irado*.

Capítulo 8

A Bondade de Nosso Deus

Quando os peregrinos chegaram a Plymouth, Massachusetts, em 1620, o primeiro inverno terrível matou quase a metade da colônia. Mas aqueles que sobreviveram àquele inverno de morte receberam um verão de abundância. Coisas como peixes, carne de veado, peru, milho indiano, cevada e ervilha foram abundantes. Porque Deus havia sido tão bom para eles, os peregrinos decidiram ter um tempo de oração e celebração - o qual conhecemos como Dia de Ações de Graças. Além da alimentação tradicional, seu menu incluía gansos, patos, veado, mariscos, enguias, alho-poró, creme de favas e milho, agrião, ameixas silvestres e pão de milho.

Os colonos de Plymouth não foram os únicos a reconhecer a bondade de Deus. Ao longo da história bíblica, encontramos indivíduos que falaram com boa vontade de Deus como sendo bom. Quando o rei Ezequias, de Judá, orou por seu povo, ele disse: "O

SENHOR, que é bom, perdoe a todo aquele que dispôs o coração para buscar o SENHOR Deus, o Deus de seus pais" (2 Cr 30.18-19). Durante a era pós-exílio, quando o alicerce do templo foi lançado, os sacerdotes e levitas ofereceram louvor e ação de graças ao Senhor, dizendo: "Ele é bom, porque a sua misericórdia dura para sempre sobre Israel" (Ed 3.11). Esdras foi bem sucedido em sua viagem da Babilônia até Jerusalém porque "a boa mão do seu Deus [estava] sobre ele" (7.9). "O SENHOR é bom", declarou O profeta Naum (Na 1.7). No Novo Testamento, Jesus Cristo descreveu a Si mesmo como "o Bom Pastor" (Jo 10.14).

A que a bondade de Deus se refere exatamente? Charles Hodge escreveu:

> Bondade, no sentido bíblico do termo, inclui benevolência, amor, misericórdia e graça. Por benevolência entendemos a disposição para promover a felicidade; todas as criaturas vulneráveis são objeto dessa benevolência. O amor inclui complacência, desejo e deleite, e os seres racionais são o objeto do amor. A misericórdia é a bondade exercida para com os miseráveis e inclui pena, compaixão, clemência e gentileza... A graça é o amor exercido para alguém que não o merece... Todos esses elementos da bondade existem em Deus sem medida e sem fim. NEle, eles são infinitos, eternos e imutáveis.[1]

É lamentável que a maioria das pessoas não reconheça a bondade de Deus. Elas se perguntam como Ele pode permitir que

---

1 Charles Hodge, *Systematic Theology*, pp. 156-57.

coisas ruins aconteçam, mas não entendem que a Sua bondade nos impede de cair mortos cada vez que cometemos um pecado. Devido à Queda, Deus tem todo o direito de acabar com a raça humana. Somente por causa de Sua bondade é que somos capazes de continuar respirando. Esse é um caso da misericórdia triunfando sobre o juízo (Tg 2.13).

No Livro de Romanos, Paulo perguntou: "Ou desprezas a riqueza da sua bondade, e tolerância, e longanimidade, ignorando que a bondade de Deus é que te conduz ao arrependimento?" (2.4). "Desprezar" diz respeito a menosprezar grosseiramente o valor ou a importância de algo. É falhar em dar o verdadeiro valor. O que as pessoas menosprezam? "A riqueza da Sua bondade". Isso se refere a todos os benefícios que Deus nos dá — Sua bondade para com a humanidade.

Cada pessoa na face da terra tem experimentado pessoalmente a bondade de Deus de muitas maneiras. Afinal, "Ele faz nascer o seu sol sobre maus e bons e vir chuvas sobre justos e injustos" (Mt 5.45). Deus nos provê com comida para comer, com calor para nos aquecer e com água para saciar nossa sede. Ele nos dá o céu azul, a grama verde e belas montanhas. Ele nos dá pessoas para amar. No entanto, muitas vezes achamos que todas essas bênçãos são normais e não somos agradecidos.

É uma tendência humana pecaminosa desprezar a clemência e a paciência de Deus (Rm 2.4). A palavra grega traduzida por "paciência" se refere a uma trégua, a um cessar da hostilidade ou a uma retenção do julgamento. "Paciência" descreve alguém que tem o poder para se vingar, mas não o faz. Por longos períodos, Deus tem retido o Seu julgamento, porque Ele é "compassivo, clemente e longânimo e grande em misericórdia e fidelidade" (Êx 34.6; Ne 9.17; Sl 103.8; Jl 2.13; Jn 4.2). Esse é um tema comum nas Escrituras.

Se você, como um cristão, já pensou que Deus é injusto, você revelou o quanto é fácil abusar da bondade de Deus. Sua bondade se designa a trazer arrependimento — para nos levar a desejá-Lo e nos tornar gratos por Ele permitir que vivamos apesar de nossos pecados. Pedro escreveu: "O Senhor é longânimo para convosco, não querendo que nenhum pereça, senão que todos cheguem ao arrependimento. Virá, entretanto... o Dia do Senhor" (2 Pe 3.9-10). Nosso bom Deus é paciente, mas apenas até certo ponto.

Que tipo de reação a bondade de Deus tem produzido em sua vida? Você é constantemente grato pelo o que Ele tem oferecido a você? Ou você se esqueceu do Sustentador e se tornou indiferente para com Ele?

Talvez o orgulho o tenha levado, assim como levou os israelitas, a acreditar que as conquistas e as bênçãos que você desfruta foram adquiridas pelas tuas próprias mãos (cf. com Dt 8.10-18). Devemos reconhecer humildemente que "toda boa dádiva e todo dom perfeito são lá do alto, descendo do Pai" (Tg 1.17). O que Davi fez é um bom exemplo a ser seguido:

> Bendize, ó minha alma, ao SENHOR,
> E tudo o que há em mim bendiga ao seu santo nome.
> Bendize, ó minha alma, ao SENHOR,
> E não te esqueças de nem um só de seus benefícios.
> Ele é quem perdoa todas as tuas iniquidades;
> Quem sara todas as tuas enfermidades;
> Quem da cova redime a tua vida
> E te coroa de graça e misericórdia;
> Quem farta de bens a tua velhice,
> De sorte que a tua mocidade se renova como a da águia.
>
> Sl. 103.1-5

A EXPRESSÃO SUPREMA DA BONDADE DE DEUS

A morte de Cristo na cruz demonstra a bondade de Deus como nenhum outro acontecimento o fez na história. Na verdade, ela é a expressão suprema de Sua bondade. Olhemos isso mais de perto, à luz do amor de Deus. Você poderá perceber algumas coisas que nunca havia notado antes.

O Rei de Todas as Coisas Enfrenta Zombaria

O Evangelho de João diz que Pilatos, o governador romano da Judéia, "tomou a Jesus e mandou açoitá-lo" (Jo 19.1). Em vez de libertar Cristo, a quem ele repetidamente declarou inocente, Pilatos tentou saciar a sede da multidão por sangue açoitando-o. Um açoite romano tinha um cabo curto de madeira com várias tiras de couro presas a pedaços de chumbo, bronze e ossos afiados como um fio de navalha. A flagelação normalmente levava a pessoa quase à morte e era feita de costume antes da crucificação para acelerar a morte da vítima na cruz. Ela era uma tortura indescritível.

Os judeus davam quarenta açoites menos um. Não sabemos quantos os romanos aplicavam. Sabemos que Cristo foi açoitado com tanta severidade que não conseguiu carregar Sua própria cruz durante todo o percurso até o local da execução.

Após a flagelação, mas antes da crucificação, "os soldados do governador, levando Jesus para o pretório, reuniram em torno dele toda a coorte. Despojando-o das vestes, cobriram-no com um manto escarlate; tecendo uma coroa de espinhos, puseram-lha na cabeça e, na mão direita, um caniço; e, ajoelhando-se diante dele, o escarneciam, dizendo: Salve, rei dos judeus!" (Mt 27.27-29). Os historiadores nos dizem que os soldados romanos costumavam fazer isso como um jogo cruel para ridicularizar aqueles que eles consideravam ser dementes.

Logo após, os soldados "cuspindo nele, tomaram o caniço e davam-lhe com ele na cabeça. Depois de o terem escarnecido, despiram-lhe o manto e o vestiram com as suas próprias vestes. Em seguida, o levaram para ser crucificado" (vv. 30-31). Ao tirarem-lhe o manto, eles estavam abrindo novas feridas. Vesti-Lo com Suas roupas trouxe-Lhe uma dor excruciante, pois as roupas comuns para homens eram feitas de fibras ásperas.

O Senhor da Vida Enfrenta a Crucificação

Em seguida, os soldados romanos levaram Cristo para longe a fim de ser crucificado. O cortejo pode ter sido assim: quatro soldados romanos cercavam o prisioneiro, um em cada canto, conduzindo-o pela cidade, com outros soldados à frente e atrás. Os soldados desfilavam com o prisioneiro pelas ruas principais. No dia da crucificação de Cristo, as ruas estariam lotadas de peregrinos que vinham para adorar e celebrar a Páscoa. Pendurada no pescoço do prisioneiro ou carregada por alguém que andava na frente, havia também uma placa explicando por que o prisioneiro deveria ser executado. Dessa forma, o povo saberia o preço daquele crime específico.

Enquanto a procissão caminhava para fora da cidade, ficava evidente que a força de Cristo estava se esvaindo. Por essa razão, os soldados recrutaram um homem dentre a multidão, Simão, de Cirene, para carregar a cruz de Cristo até o lugar da execução. Simão foi um beneficiário direto da maior demonstração da bondade de Deus, pois ele se tornou um crente. Em Marcos 15.14, o autor do Evangelho torna isso óbvio, já que listou os nomes dos filhos de Simão, que foram mencionados porque a igreja toda os conhecia.

Quando a procissão chegou ao Gólgota, os soldados "deram-lhe a beber vinho com fel; mas ele, provando-o, não o quis beber" (Mt 27.34). A palavra grega para "fel" é um termo genérico que se refere a algo amargo. O Evangelho de Marcos especifica que mirra foi misturada ao vinho. Mirra é um látex resinoso amargo que era posto no vinho como um calmante para a pessoa. No primeiro século, pensava-se que ela possuía propriedades narcóticas.

Os soldados não procuravam drogar a vítima por um ato de misericórdia; eles não se importavam com o fato da vítima sofrer ou não. A droga simplesmente tornava sua tarefa mais fácil, porque seria difícil bater pregos nos membros de alguém se essa pessoa não estivesse dopada em alguma medida. Mas Cristo se recusou a beber a mistura de entorpecente. Não desejando que nenhum de Seus sentidos fosse anestesiado, Ele se comprometeu a suportar toda a dor da cruz.

Então, os soldados crucificaram a Cristo. Conforme William Barclay, a crucificação "originou-se na Pérsia... A terra era considerada sagrada para o deus Ormuzd, e o criminoso era levantado sobre ela a fim de não contaminar a terra, que era propriedade desse deus. Da Pérsia, a crucificação passou para Cartago, ao Norte de África; e foi através de Cartago que Roma aprendeu essa prática.[2]

Os autores dos Evangelhos não fornecem os detalhes do que aconteceu, mas é útil ter algum esclarecimento sobre o que Cristo suportou na cruz. Os soldados colocaram primeiramente a cruz no chão e depois o puseram sobre ela. Eles esticaram Seus pés puxando os dedos para baixo. Cravaram um prego grande no peito de um dos pés e, depois, no do outro.

---

2 *The Gospel of* Matthew [O Evangelho de Mateus], v. 2, Filadélfia: Westminster, 1958, p. 402.

Depois disso, estenderam Suas mãos, permitiram que Seus joelhos ficassem um pouco flexionados e cravaram dois pregos grandes em Seus pulsos — não nas palmas das mãos — logo abaixo do final de cada mão. Uma vez que os soldados haviam pregado Cristo à cruz, levantaram-na e a deixaram cair num buraco. Quando ela atingiu o fundo, o impacto deve ter lhe causado uma dor intensa. Ele agora estava crucificado.

Em seu livro *The Life of Christ* [A Vida de Cristo], o erudito Frederic Farrar escreveu:

> A morte por crucificação parece incluir toda essa dor e ser uma morte horrível e assustadora — tonturas, cãibras, sede, fome, insônia, febre traumática, tétano, exposição pública à vergonha, tormento duradouro, expectativa de horror, gangrena nos ferimentos não tratados — tudo isso intensificado até o ponto em que esses sofrimentos podem ser suportados, mas todos eles durando bem mais além do ponto de dar ao sofredor o alívio da inconsciência.
>
> A posição nada natural tornava cada movimento doloroso; as veias dilaceradas e os tendões esmagados latejavam em angústia incessante; os ferimentos, inflamados por ficarem expostos, gangrenavam gradualmente; as artérias — principalmente as da cabeça e do estômago — tornavam-se inchadas e comprimidas com o excesso de sangue; e enquanto cada variedade da penúria aumentava gradativamente, a angústia de uma sede ardente e intolerável era acrescentada a elas; e todas essas compli-

cações físicas causavam agitação e ansiedade internas, o que fazia com que a expectativa da própria morte — da morte, o terrível inimigo desconhecido, cuja aproximação geralmente estremece os homens — tivesse o aspecto de um alívio delicioso e excelente.[3]

As autoridades não buscavam uma morte rápida e indolor para preservar ao menos um pouco de dignidade para os criminosos. Ao contrário, elas buscavam uma tortura agonizante para humilhá-los completamente. Esse foi o sofrimento que o nosso Senhor Jesus Cristo, em Sua bondade, experimentou.

Nem mesmo o sofrimento de Cristo na cruz foi suficiente para saciar o desejo maldoso de seus inimigos — eles tinham que atormentá-lo também. Mateus descreveu isso da seguinte maneira:

> *Os que iam passando blasfemavam dele, meneando a cabeça e dizendo:*
> *Ó tu que destróis o santuário e em três dias o reedificas! Salva-te a ti mesmo, se és Filho de Deus, e desce da cruz!*
> *De igual modo, os principais sacerdotes, com os escribas e anciãos, escarnecendo, diziam: Salvou os outros, a si mesmo não pode salvar-se. É rei de Israel! Desça da cruz, e creremos nele. Confiou em Deus; pois venha livrá-lo agora, se, de fato, lhe quer bem... e os mesmos impropérios lhe diziam também os ladrões que haviam sido crucificados com ele.*
> Mt. 27.39-44

---

[3] Frederic Farrar, *The Life of Christ* [A Vida de Cristo], Portland: Fountain, 1976, p. 641.

Por volta do final da tarde, Cristo clamou em alta voz, dizendo: "Deus meu, Deus meu, por que me desamparaste?" (v. 46). Eis aí algo que está completamente além da compreensão humana: Deus se separou de Deus. Deus, o Pai, virou as costas ao Deus Filho.

Que tipo de separação era essa exatamente? O Filho não se separou de Sua própria natureza divina — Ele não deixou de ser Deus. Nem foi separado da Trindade em essência ou substância. Em vez disso, Ele foi separado em termos da íntima comunhão com o Pai.

No final, Cristo declarou: "Está consumado! E, inclinando a cabeça, rendeu o espírito" (Jo 19.30). O sofrimento que Ele suportou de bom grado, pelo bem da humanidade, havia chegado ao fim.

Por que Ele Fez Isso?

Por que Deus permitiu que Seu próprio Filho morresse na cruz? Paulo explicou: "Aquele que não poupou o seu próprio Filho, antes, por todos *nós* o entregou, porventura, não nos dará graciosamente com ele todas as coisas?" (Rm 8.32, grifo meu). Em Sua condenação e morte, Cristo tomou o nosso lugar. Isaías disse acerca de Cristo: "Ele foi... moído pelas nossas iniquidades; o castigo que nos traz a paz estava sobre ele, e pelas suas pisaduras fomos sarados. Todos nós andávamos desgarrados como ovelhas; cada um se desviava pelo caminho, mas o SENHOR fez cair sobre ele a iniquidade de nós todos" (Is 53.5-6, grifo meu).

"Aquele que não conheceu pecado, [o Pai] o fez pecado por nós; para que, nele, fôssemos feitos justiça de Deus" (2 Co 5.21). "Cristo nos resgatou da maldição da lei, fazendo-se ele próprio maldição em nosso lugar" (Gl 3.13).

A morte de Cristo é uma demonstração de como Deus é. Paulo disse: "Deus prova o seu próprio amor para conosco pelo fato de ter Cristo morrido por nós, sendo nós ainda pecadores" (Rm 5.8).

Um dos hinos mais belos e comoventes a respeito da cruz é "Ó Cabeça Sagrado, Agora Ferido", atribuído a Bernardo de Claraval, do século XII. Leia a sua letra com devoção e reverência, porque ela fala de um Deus que nos ama profundamente:

> Agora ferido, Ó Cabeça sagrado,
> Curvado sob o pesar e o vitupério.
> De escárnios, agora, rodeado
> Espinhos coroam Teu império;
> Que glória, Ó Cabeça sagrado,
> Que felicidade Tu tiveste até então?
> Embora ensanguentado e desprezado
> Chamar-Te "meu" é minha satisfação.
>
> Meu Senhor, toda a Tua aflição,
> Foi para os pecadores benefício.
> Minha, minha era a transgressão,
> Mas Tua, a dor mortal e o sacrifício.
> Estou prostrado, meu Salvador!
> Estar em Teu lugar é o que mereço;
> Olha para mim com teu favor,
> A Tua graça eu Te peço.
>
> Que língua eu emprestaria,
> Para agradecer, queridíssimo Amigo,
> Por essa Tua mortal agonia,
> Pela compaixão infinda para comigo?
> Ó faze-me Teu, Senhor, eternamente;
> E se acaso a desfalecer eu venha,
> Jamais me deixe definitivamente.
> Meu amor por Ti, sempre eu mantenha.

A CONFIANÇA DO CRENTE

Paulo perguntou: "Quem nos separará do amor de Cristo?". "Será tribulação, ou angústia, ou perseguição, ou fome, ou nudez, ou perigo, ou espada?" (Rm 8.35). Essa é uma referência ao amor de Cristo por nós, não ao nosso amor por Cristo. Essa foi a maneira de Paulo enfatizar a bondade de Deus na vida do crente. Paulo estava dizendo: "O que pode fazer com que Cristo deixe de amá-lo"? A resposta óbvia é: Nada.

Paulo passou a especificar várias aflições que podem levar o crente a questionar a bondade de Deus. "Tribulação" diz respeito à pressão vinda de dificuldades externas. Isso inclui o sofrimento por causa de falsas acusações, rejeição ou danos corporais. Paulo conhecia esse tipo de sofrimento por experiência própria, pois ele disse:

> *Cinco vezes recebi dos judeus uma quarentena de açoites menos um; fui três vezes fustigado com varas; uma vez, apedrejado; em naufrágio, três vezes; uma noite e um dia passei na voragem do mar; em jornadas, muitas vezes; em perigos de rios, em perigos de salteadores, em perigos entre patrícios, em perigos entre gentios, em perigos na cidade, em perigos no deserto, em perigos no mar, em perigos entre falsos irmãos; em trabalhos e fadigas, em vigílias, muitas vezes; em fome e sede, em jejuns, muitas vezes; em frio e nudez.*
>
> 2 Co. 11.24-27

Essas tribulações jamais romperam os laços do amor de Cristo por Paulo, e, semelhantemente, nenhuma adversidade poderá separá-lo do amor de Cristo.

Paulo também falou da "angústia" (Rm 8.35). O termo grego se refere a uma pressão interna e significa literalmente "estreiteza de um cômodo". Ele retrata alguém que está preso num espaço estreito ou cercado, sem saída. Pode se referir especificamente à tentação. Será que o fato de você experimentar angústia ou tentação extrema significa que Deus não o ama? Não. Deus promete que quando você for submetido a tais pressões, Ele o capacitará a suportá-las e lhe dará uma saída no momento certo (1 Co 10.13).

E o que dizer das outras aflições? E se você sofrer nas mãos daqueles que rejeitam Cristo? E se você ficar sem comida, até ao ponto de passar fome? E se lhe faltarem roupas ou abrigo? Essas adversidades seriam evidências de que Deus não é bom — de que Ele não o ama mais? Absolutamente não! Lembre-se, é impossível que alguém ou qualquer coisa o separe do amor de Deus.

Não é de admirar que Paulo tenha orado por nós, os crentes, para que compreendêssemos qual a largura, e o comprimento, e a altura, e a profundidade do amor de Deus (Ef 3.18-19). O quão abrangente é o amor de Deus? Abrangente o suficiente para reconciliar judeus e gentios e torná-los um em Cristo (2.13). O quão duradouro é o amor de Deus? Duradouro o suficiente para se estender desde a eternidade passada (1.4). O quão profundo é o amor de Deus? Profundo o suficiente para nos alcançar quando estávamos mortos em nossos delitos e pecados (2.1-5). O quão elevado é o amor de Deus? Elevado o suficiente para nos alçar até ao céu e nos fazer assentar com Ele (2.6).

Sua largura — pode alcançar qualquer um. Seu comprimento — vai de eternidade à eternidade. Sua profundidade — chega ao abismo do pecado. Sua altura — nos leva à presença de Deus e nos assenta no Seu trono. Esses são o amor e bondade que devemos conhecer e sobre os quais devemos edificar nossas vidas.

Capítulo 9

Nosso Deus Soberano

Lady Jane Kenmure estava intimamente familiarizada com a tristeza e adversidade. Em 1600, ela nasceu numa distinta família escocesa e, mais tarde, casou-se com Sir John Gordon, que se tornou o Lord Kenmure. Muitos podem ter invejado seu prestígio social, mas grandes dificuldades marcaram a vida dessa crente humilde e devota. Casada havia apenas oito anos, ela havia perdido três filhas pequenas. No mesmo ano em que sua terceira filha morreu, o marido caiu em dores mortais e também faleceu. Um mês ou dois depois, ela deu alegremente à luz um filho, mas quatro anos depois, o menino ficou doente e também morreu. Cerca de um ano mais tarde, ela se casou novamente, mas sua felicidade durou pouco porque seu segundo marido faleceu logo depois.

Durante o prolongado período de luto de Lady Kenmure, Samuel Rutherford, seu pastor, escreveu cartas pastorais para confortá-la. Observe como ele a orientou a pensar na soberania de Deus:

Estejais contente em passar pelas águas ao teu redor e gloria-te nEle, segurando Sua mão, pois Ele conhece todas as vaus... Quando levantares teus olhos naquela direção e deres uma olhada na cidade de ouro... haverás de dizer, então, "Vinte e quatro horas habitando nesse lugar valem mais que setenta anos de tristeza sobre a terra"...

Em todo o Seu proceder com Seus filhos, Deus almeja levá-los a ter um elevado desprezo e uma inimizade mortal pelo mundo; a fim de que estabeleçam um valor elevado para Cristo e pensem nEle como Aquele que não pode ser adquirido com ouro e que é digno de que lutemos por Ele. Não é por nenhum outro motivo... que o Senhor retira de ti os brinquedos e os deleites terrenos que Ele dá aos outros, mas para que tu sejas completamente dEle...

Aceita a vontade do Todo-Poderoso... Deixa que a cruz de teu Senhor Jesus tenha o teu submisso e resoluto AMÉM...

Confesso que me pareceu estranho que o Senhor tivesse que fazer aquilo que dava a impressão de querer lançar por terra todos os teus confortos mundanos; mas nós não podemos ver as razões da Soberania do Todo-Poderoso. "Ele vai à nossa direita e à nossa esquerda, mas não o vemos". Não vemos nada senão os pedaços dos elos quebrados das correntes de Sua providência.[1]

---

1 Samuel Rutherford, *The Letters of Samuel Rutherford* [As Cartas de Samuel Rutherford], editado por S. Maxwell Coder e Wilbur M. Smith, Chicago: Moody, 1951, pp 63, 66, 390-91).

Em essência, o pastor Rutherford estava dirigindo Lady Kenmure na direção da soberania de Deus. O Fato de Deus ser soberano significa que Ele faz o que Lhe agrada e, somente, o que Lhe agrada. Nenhuma pessoa ou circunstância pode frustrar Seu conselho ou impedir Seus propósitos.

As Escrituras estão cheias de evidências de que Deus age conforme Seu desejo soberano. Jó disse ao Senhor: "Sei que podes fazer todas as coisas; nenhum dos teus planos pode ser frustrado" (Jó 42.2 NVI). O salmista disse: "Tudo quanto aprouve ao SENHOR, ele o fez, nos céus e na terra, no mar e em todos os abismos" (Sl 135.6). Disse Deus: "O meu conselho permanecerá de pé, farei toda a minha vontade" (Is 46.10).

Visto que Deus é soberano, vamos ver como esse atributo afeta a vida de um crente. Em primeiro lugar, Deus exerce soberanamente Sua escolha como Criador de todos para selecionar alguns indivíduos para receberem Sua misericórdia divina. Há três sentidos teológicos em que Ele escolhe ou elege. O primeiro é a eleição teocrática. Ela se refere à seleção que Deus fez de uma nação para ser Seu povo da aliança. Moisés disse aos israelitas: "tu és povo santo ao SENHOR, teu Deus; o SENHOR, teu Deus, te escolheu, para que lhe fosses o seu povo próprio, de todos os povos que há sobre a terra.... Não é por causa da tua justiça que o SENHOR, teu Deus, te dá esta boa terra para possuí-la" (Dt 7.6; 9.6). Deus os escolheu livremente por Seu amor e graça, e não por causa de algum mérito da parte deles.

O segundo sentido é a eleição vocacional. Deus, às vezes, escolhe determinados indivíduos para fazer tarefas específicas. Deus escolheu Moisés para conduzir Israel para fora do Egito e, os levitas para servir a nação como tribo sacerdotal. No Novo Testamento, Cristo escolheu doze de Seus seguidores para serem apóstolos.

O terceiro sentido é a eleição para a salvação. Deus seleciona certos indivíduos para a salvação. Pedro escreveu aos crentes perseguidos, que foram "eleitos, segundo a presciência de Deus" (1 Pe 1.1-2). Além disso, Paulo explicou que Deus "nos escolheu [em Cristo] antes da fundação do mundo" (Ef 1.4).

Deus formou o corpo de Cristo por meio de Sua escolha independente e soberana. Sua escolha foi totalmente à parte de qualquer reflexão humana e baseada puramente em Sua própria vontade. Nós fomos escolhidos "segundo o beneplácito de sua vontade" (v. 5), e "segundo o propósito daquele que faz todas as coisas conforme o conselho da sua vontade" (v. 11). Deus nos escolheu, de modo soberano e livre, para sermos incluídos na igreja.

Quando Deus nos escolheu para a salvação? "Antes da fundação do mundo" (v. 4). Isso significa que fomos escolhidos antes da criação do universo — escolhidos na eternidade passada. Está chegando o dia quando Cristo proclamará: "Vinde, benditos de meu Pai! Entrai na posse do reino que vos está preparado desde a fundação do mundo" (Mt 25.34).

Por que Deus nos escolheu? Porque Ele nos ama. Paulo disse: "Deus, sendo rico em misericórdia, por causa do grande amor com que nos amou, e estando nós mortos em nossos delitos, nos deu vida juntamente com Cristo" (Ef 2.4-5).

A obra salvadora e soberana de Deus é fundamental para Sua promessa de fazer com que todas as coisas cooperem para o nosso bem (Rm 8.28). Essa é a promessa mais gloriosa que se pode imaginar. Nada poderia ser mais reconfortante. Nada poderia trazer mais esperança, alegria, fé, confiança, felicidade e liberdade para o crente do que saber que Deus fará soberanamente com que tudo coopere para o bem dele.

O termo grego traduzido por "bem" se refere a algo que é moral ou inerentemente bom, e não a algo que apenas possua uma boa aparência exterior. Ao dizer que todas as coisas cooperam juntamente para o bem, Paulo tinha duas coisas em mente: a nossa situação atual e a nossa glorificação futura. Não importa o que aconteça em nossa vida, Deus fará soberanamente com que as coisas produzam algo que será benéfico para nós imediatamente, bem como no final de tudo. Isso é verdade em relação a tudo quanto experimentamos na vida, tanto em relação às coisas boas quanto às más.

AS COISAS BOAS COOPERAM PARA O NOSSO BEM

Que tipo de coisas boas cooperam para o nosso benefício espiritual? Para começar, os atributos de Deus. O poder de Deus, por exemplo, nos sustém em meio a dificuldades. Deus auxiliou Daniel quando ele estava na cova dos leões; ajudou Jonas quando ele estava na barriga de um peixe; e três homens hebreus quando eles foram jogados na fornalha. Quando Deus libertou Davi da mão assassina do rei Saul, Davi declarou: "Eu te amo, ó SENHOR, força minha. O SENHOR é a minha rocha, a minha cidadela, o meu libertador; o meu Deus, o meu rochedo em que me refugio; o meu escudo, a força da minha salvação, o meu baluarte" (Sl 18.1-2). Em Cristo, somos "fortalecidos com todo o poder, segundo a força da sua glória, em toda a perseverança e longanimidade; com alegria" (Cl 1.11).

O poder de Deus também nos sustém quando nos falta força. Paulo observou o poder de Deus demonstrado em sua própria fraqueza (2 Co 12.9). Deus realmente "faz forte ao cansado e multiplica as forças ao que não tem nenhum vigor. Os jovens se cansam e se fatigam, e os moços de exaustos caem, mas os que esperam no SENHOR renovam as suas forças, sobem com asas como águias, correm e não se cansam, caminham e não se fatigam." (Is 40.29-31). Quando nos falta força, Deus nos infunde a dEle.

As promessas de Deus, além de Seus atributos, cooperam para o nosso bem. Sua promessa de perdoar os nossos pecados é um exemplo disso. Davi escreveu: "Quanto dista o Oriente do Ocidente, assim afasta de nós as nossas transgressões" (Sl 103.12). Isaías disse: "Lançaste para trás de ti todos os meus pecados" (Is 38.17). Miquéias, ao falar do perdão de Deus para com Seu povo, escreveu. "Tornará a ter compaixão de nós; pisará aos pés as nossas iniquidades e lançará todos os nossos pecados nas profundezas do mar" (Mq 7.19). Deus disse: "Eu, eu mesmo, sou o que apago as tuas transgressões por amor de mim e dos teus pecados não me lembro" (Is 43.25).

O que mais coopera para o nosso bem? A Palavra de Deus: "Toda a Escritura é inspirada por Deus e útil para o ensino, para a repreensão, para a correção, para a educação na justiça, a fim de que o homem de Deus seja perfeito e perfeitamente habilitado para toda boa obra" (2 Tm 3.16-17). A palavra grega traduzida como "ensino" se refere ao conjunto de verdades doutrinárias que regem os nossos pensamentos e ações. "Repreensão" diz respeito a expor a conduta pecaminosa e o ensino errôneo. "Correção" significa "endireitar" ou "levantar". As Escrituras podem nos restaurar a uma postura espiritual adequada. "Educação na justiça" se refere à capacidade das Escrituras de nos levarem à maturidade. Deus usa a Sua Palavra para o nosso bem, porque oferece tudo o que precisamos para viver uma vida piedosa.

AS COISAS MÁS COOPERAM PARA O NOSSO BEM

Conquanto seja importante saber que as coisas boas cooperam para o nosso bem, o foco principal de Paulo, em Romanos 8, é que as coisas ruins cooperam para o nosso bem. No entanto, observe cuidadosamente: não estamos redefinindo o ruim e fingindo que ele é bom. Deus odeia isso. Em Isaías 5.20, Deus diz: "Ai dos que ao mal chamam bem e ao bem, mal; que fazem da escuridade luz e da luz, escuridade; põem o amargo por doce e o doce, por amargo"!

As coisas ruins sempre são inerentemente más. O pecado é pecado; o mal é mal; e nem um nem outro jamais mudará. No entanto, podemos estar confiantes de que Deus governa, soberanamente, tudo o que é ruim para fazer com que isso coopere para o nosso bem a longo prazo. Isso inclui o sofrimento, a tentação e, até mesmo, o pecado.

Sofrimento

O sofrimento é resultado da maldição. Se o pecado não tivesse sido introduzido no mundo, não haveria sofrimento, dor, tristeza ou morte. Embora o sofrimento por si só não seja mau, ele é resultado do mal no mundo.

Um dos primeiros exemplos bíblicos que temos de Deus transformando o mal em bem é no sofrimento de José. Seus irmãos o jogaram num poço e depois o venderam para alguns homens que estavam a caminho do Egito (Gn 37.20-28). Mais tarde, ele foi preso injustamente. Mas Deus o capacitou a interpretar um sonho para Faraó e a avisá-lo sobre uma fome que viria. Em consequência disso, Faraó fez de José o Primeiro-Ministro do Egito. Porque Deus colocara José nessa posição, ele foi capaz de fornecer alimentos para sua família, bem como para todo o povo do Egito. Apesar de seus irmãos o terem vendido como escravo, José pôde lhes dizer: "Vós, na verdade, intentastes o mal contra mim; porém Deus o tornou em bem, para fazer, como vedes agora, que se conserve muita gente em vida" (50.20). Ele percebeu que as injustiças que ele havia sofrido faziam parte do plano soberano de Deus para sua vida.

E nós? Será que Deus realmente usa o nosso sofrimento para o nosso bem? Absolutamente. Um dos benefícios do sofrimento é que ele nos ensina a odiar o pecado. Quando Cristo foi ao túmulo de Lázaro, Ele "agitou-se no espírito e comoveu-se" (Jo 11.33). Ele agonizou diante das lágrimas, da dor e da tristeza que o pecado e a morte trazem. Quando experimentamos o sofrimento, aprendemos a odiar o pecado, que é o causador dessas coisas.

O sofrimento também coopera para o nosso bem, porque expõe o pecado em nossas vidas. Quando tudo está bem, é fácil nos sentirmos piedosos. Mas, assim que as coisas desmoronam e os infortúnios se interpõem em nosso caminho, somos mais tentados a ficar irados com Deus.

Podemos perder a paciência facilmente e começar a duvidar de Sua bondade. É nesse ponto que a pessoa descobre se, de fato, confia em Deus, pois o sofrimento evidenciará todo o mal que estiver no coração.

O sofrimento não só evidenciará o pecado, como também o removerá. Ele é um fogo que queima a nossa escória e revela o ouro e a prata puros. Jó disse a respeito de Deus: "Mas ele sabe o meu caminho; se ele me provasse, sairia eu como o ouro" (Jó 23.10).

De que outra maneira o sofrimento coopera para o nosso bem? Ele revela que nós, na verdade, somos Seus filhos. Afinal, "o Senhor corrige a quem ama e açoita a todo filho a quem recebe. É para disciplina que perseverais (Deus vos trata como filhos); pois que filho há que o pai não corrige? Mas, se estais sem correção, de que todos se têm tornado participantes, logo, sois bastardos e não filhos" (Hb 12.6-8). Sua disciplina é a evidência de que somos Seus filhos.

O sofrimento também nos leva a Deus. Na prosperidade, o coração fica facilmente dividido. É por isso que Deus advertiu os israelitas para não se esquecerem dEle quando Ele os levasse para a

Terra Prometida (Dt 6.10-13). O sofrimento nos obriga a parar de nos concentrar no mundo. Quando tudo em nossas vidas é confortável, somos inclinados a nos preocupar com a nossa casa, o carro, o trabalho, os negócios ou com nosso guarda-roupa. Mas suponha que um ente querido fique com uma doença terminal. Isso mudaria os nossos valores e nos levaria a Deus, que é uma boa resposta para uma situação trágica. O "espinho na carne" de Paulo o levou ao Senhor (2 Co 12.7-10).

Quaisquer que sejam nossas aflições, estejamos seguros de que Deus as está usando soberanamente para o nosso bem. Tendo esse assunto como tema, Margaret Clarkson escreveu um livro para aqueles que vivem suas vidas numa dor perpétua. Ela o intitulou *Grace Grows Best in Winter* [A Graça Cresce Melhor no Inverno] — uma citação das cartas de Samuel Rutherford, o pastor que procurava confortar a senhora em sofrimento, foi descrita no início deste capítulo. O subtítulo do livro de Clarkson é *Help for Those Who Must Suffer* [Ajuda para Aqueles que Devem Sofrer], e uma de suas muitas observações úteis é a seguinte:

> *A soberania de Deus é a rocha invencível, à qual o coração humano em sofrimento deve se firmar. As circunstâncias que rodeiam a nossa vida não são uma casualidade: elas podem ser obra do mal, mas esse mal está firmemente preso na mão poderosa de nosso Deus soberano... Todo mal está sujeito a Ele, e o mal não pode tocar Seus filhos, a menos que Ele permita. Deus é o Senhor da história humana e da história pessoal de cada membro de sua família redimida... Ele não explica suas ações a nós mais do que explicou a Jó, mas Ele nos deu o que os sofredores dos tempos antigos nunca tiveram*

> — *a revelação escrita de Sua soberania e de Seu amor, e a manifestação de Si mesmo no Salvador. Se aqueles Santos puderam triunfar de modo tão glorioso sem tamanha revelação, nós que a temos seremos derrotados?*[2]

Tentação

A tentação também coopera para o nosso bem. A principal razão disso é porque ela nos faz depender de Deus. Quando um animal vê um caçador, ele corre para um lugar seguro. Semelhantemente, quando o diabo atira seus dardos inflamados, devemos fugir para o trono da graça de Deus a fim de que Ele possa nos proteger. A luta contra a tentação nos leva a ver o quão fracos somos, de fato, e a perceber que não temos motivo algum para nos orgulhar de nós mesmos. Isso nos obriga a seguir o exemplo de Paulo e a depender da força de Cristo (2 Co 12.9-10; Fl 4.11-13).

Nosso Senhor Jesus sabia do que se tratava a tentação, pois as Escrituras nos dizem acerca dEle: "Porque não temos sumo sacerdote que não possa compadecer-se das nossas fraquezas; antes, foi ele tentado em todas as coisas, à nossa semelhança, mas sem pecado. Acheguemo-nos, portanto, confiadamente, junto ao trono da graça, a fim de recebermos misericórdia e acharmos graça para socorro em ocasião oportuna" (Hb 4.15-16). Porque o próprio Cristo experimentou grande tentação, Ele entende o que passamos e é, portanto, capaz de nos ajudar em nossas lutas. Da mesma forma, a nossa relação com a tentação nos capacita a ajudar os outros em suas lutas (cf. com Gl 6.1).

---

2 Margaret Clarkson, *Grace Grows Best in Winter* [A Graça Cresce Melhor no Inverno], Grand Rapids: Zondervan, 1972, pp 40-41.

A tentação também coopera para o nosso bem porque nos faz desejar o céu. Às vezes, quem sabe, nos identificamos com a frustração de Paulo: "Porque não faço o bem que prefiro, mas o mal que não quero, esse faço... Desventurado homem que sou! Quem me livrará do corpo desta morte?" (Rm 7.19, 24). Em momentos como esses, ansiamos pelo céu, dizendo juntamente com Paulo: "Porquanto, para mim, o viver é Cristo, e o morrer é lucro" (Fl 1.21).

No entanto, Paulo tinha uma perspectiva equilibrada, pois ele prossegue dizendo: "Ora, de um e outro lado, estou constrangido, tendo o desejo de partir e estar com Cristo, o que é incomparavelmente melhor. Mas, por vossa causa, é mais necessário permanecer na carne" (vv. 23-24). Estarmos envolvidos num ministério que precisa de nós nos motivará a perseverar, apesar de todas as provações e tentações que experimentemos.

Pecado

Deus promete que *todas* as coisas cooperam para o nosso bem no final, e isso inclui a pior de todas elas: o pecado. Sua promessa não diminui a feiúra do pecado ou a beleza da santidade. O pecado é intrinsecamente perverso e digno do inferno eterno. Mas em Sua infinita sabedoria, Deus prevalece sobre ele para o nosso bem. Como?

Quando vemos o pecado e seus efeitos em outras pessoas, sentimos uma santa indignação contra ele. Isso nos leva a sermos mais fortes em nossa oposição ao pecado. Também nos tornamos mais gratos ao Senhor pelos pecados dos quais Ele nos libertou.

Quando nos tornamos conscientes do pecado em nossa própria vida, o Espírito Santo nos cutuca para examinarmos o nosso coração à luz da Palavra de Deus. Devemos pedir a Deus para sondar nossas almas a fim de encontrar qualquer pecado latente, do mesmo modo como desejaríamos que um médico encontrasse qualquer câncer escondido. O remédio apropriado não pode ser prescrito antes que a enfermidade seja conhecida. É por isso que Jó clamou a Deus: "Notifica-me a minha transgressão e o meu pecado" (Jó 13.23). É melhor encontrarmos o pecado antes que ele nos encontre. E quando nos tornam conscientes de um pecado pessoal, devemos nos livrar dele imediatamente e fazer disso um hábito para a vida toda.

A ameaça do pecado também nos impele a estarmos espiritualmente em alerta. Nosso coração é como um castelo que corre o risco de ser assaltado a qualquer momento pelo mundo, pela carne e pelo diabo. E, por ele ser assim, devemos ser como um soldado que está em alerta em relação ao ataque do inimigo.

Embora Deus faça soberanamente com que o nosso pecado coopere para o nosso bem, nunca devemos ver essa promessa maravilhosa como uma autorização para pecar. Em seu livro *All Things for Good* [Todas as Coisas para o Bem], Thomas Watson advertiu:

> Se alguém do povo de Deus flertasse com o pecado porque Deus pode transformá-lo em bem, embora o Senhor não o condenasse ao castigo eterno, Ele poderia mandá-lo para o inferno nesta vida. Ele pode colocá-lo em tamanhas agonias amargosas e convulsões de alma, como, por exemplo, enchê-lo totalmente de horror e deixá-lo à beira do desespero. Que isso seja uma espada refulgente para impedi-lo de se aproximar da árvore proibida.[3]

---

3 Thomas Watson, *All Things for Good* [Todas as Coisas para o Bem], Carlisle, Pa.: The Banner of Truth Trust, 1986, p. 51.

Paulo expressa isso da seguinte maneira: "Que diremos, pois? Permaneceremos no pecado, para que seja a graça mais abundante? De modo nenhum! Como viveremos ainda no pecado, nós os que para ele morremos?... Foi crucificado com [Cristo] o nosso velho homem, para que o corpo do pecado seja destruído, e não sirvamos o pecado como escravos" (Rm 6.1-2, 6).

Por que Deus promete fazer com que todas as coisas cooperem para o nosso bem? Porque Ele quer nos conformar à imagem de Seu Filho (8.29). Tornar-nos semelhantes a Cristo é o destino para o qual Ele soberanamente nos designou antes que o mundo existisse. Visto que nada pode frustrar Seus propósitos soberanos, podemos estar "plenamente certos de que aquele que começou boa obra em [nós] há de completá-la até ao Dia de Cristo Jesus" (Fp 1.6).

Capítulo 10

Deus, Nosso Pai

Conforme mencionado no capítulo anterior, Helen Keller é uma das mulheres mais notáveis da história. Seguindo o conselho do Dr. Alexander Graham Bell, seus pais a enviaram a um professor da Instituição Perkins para Cegos, em Boston. Anne Sullivan, uma órfã de dezenove anos de idade, foi escolhida para a tarefa de instruir a menina Helen, de seis anos. Esse era o início de uma amizade íntima entre elas para a vida toda.

Por meio de um alfabeto manual, Anne "soletrava" nas mãos de Helen, palavras como "boneca" ou "cachorrinho". Dois anos depois, Helen estava lendo e escrevendo fluentemente em braile. Aos dez anos, Helen aprendeu sons diferentes colocando seus dedos na laringe da professora e "ouvindo" as vibrações. Tempos depois, Helen foi para a faculdade de Radcliffe, onde Anne "escrevia" as aulas expositivas nas mãos de Helen. Após se formar com honras, Helen decidiu dedicar sua vida para ajudar cegos e surdos. Como parte desse esforço, ela escreveu muitos livros e artigos, e viajou ao redor do mundo dando palestras. Uma vez que as palestras de Helen não eram inteligíveis para alguns, Anne geralmente as traduzia para ela.

Seus quase 50 anos de companheirismo terminaram quando Anne morreu, em 1936. Helen escreveu estas palavras afetuosas sobre sua amiga ao longo da vida:

> Minha professora está tão próxima de mim que eu mal me imagino longe dela... Sinto que seu ser é inseparável do meu, e que os passos de minha vida estão nos passos dela. Tudo o que há de melhor em mim pertence a ela — não há talento algum, aspiração ou alegria em mim que não tenha sido despertado pelo toque de seu amor.[1]

É óbvio que Anne conhecia Helen melhor que ninguém. No reino espiritual, Cristo conhece a Deus melhor do que ninguém. Melhor do que os teólogos que têm escrito sobre Ele ao longo dos séculos. Bem melhor do que os profetas e apóstolos, que receberam a revelação divina. Cristo conhece a Deus tão bem porque Ele estava na presença de Deus desde antes da eternidade. O Apóstolo João expressou isso desta maneira: "No princípio era o Verbo, e o Verbo estava com Deus, e o Verbo era Deus" (Jo 1.1). Cristo estava face a face com Deus. Se existe alguém que conhece a Deus, esse alguém é Cristo.

Portanto, é óbvio que se realmente quisermos saber como Deus é, devemos ouvir o que Cristo disse sobre Ele. Para começar, Ele falou da santidade de Deus, dirigindo-Se a Ele como "Pai santo"

---

[1] Helen Keller, *The Story of My Life*, p. 47.

(17.11) e "Pai justo" (v. 25). Falou da justiça de Deus, contando uma parábola sobre retribuir com a penalidade merecida os arrendatários que mataram o filho do fazendeiro, numa tentativa de obter sua herança (Mt 21.33-46). Falou do poder de Deus, destacando que "para Deus tudo é possível" (Mc 10.27). Falou da soberania de Deus, dizendo: "Venha o Teu reino; faça-se a tua vontade, assim na terra como no céu" (Mt 6.10). Falou da onisciência de Deus, dizendo que Ele é um Pai "que vê em secreto" (6.4). Falou da bondade e do amor de Deus, descrevendo-o como um Pai gracioso, que provê tudo quanto Seus filhos queridos precisam (7.9-11).

Todas essas são verdades maravilhosas, mas há um tema que suplanta todos os outros. Mais do que qualquer outro conceito acerca de Deus, Cristo conhecia a Deus como Seu Pai.

O RELACIONAMENTO DO PAI COM O FILHO

O que Cristo ensina a respeito da paternidade de Deus? Ouça o que Ele disse:

> *Meu Pai trabalha até agora, e eu trabalho também.*
> *...O Filho nada pode fazer de si mesmo, senão somente aquilo que vir fazer o Pai; porque tudo o que este fizer, o Filho também semelhantemente o faz. Porque o Pai ama ao Filho, e lhe mostra tudo o que faz, e maiores obras do que estas lhe mostrará, para que vos maravilheis.*
> *Pois assim como o Pai ressuscita e vivifica os mortos, assim também o Filho vivifica aqueles a quem quer. E o Pai a ninguém julga, mas ao Filho confiou todo julgamento, a fim de que todos honrem o Filho do modo por que honram o Pai. Quem não honra*

> o Filho não honra o Pai que o enviou. Em verdade,
> em verdade vos digo: quem ouve a minha palavra e
> crê naquele que me enviou tem a vida eterna, não
> entra em juízo, mas passou da morte para a vida.
>
> Jo 5.17, 19-24

Por que Cristo fez essa declaração a respeito de Deus e dEle mesmo? Ele havia acabado de curar um homem que fora aleijado por 38 anos. Mas porque Ele curou o homem no sábado, um dia de descanso, os líderes religiosos o criticaram por trabalhar. Sua resposta a essa inacreditável mentalidade curta demonstrou o Seu direito para curar no sábado. Mesclada a ela, estava Sua teologia sobre a paternidade de Deus. Esmiucemos essa resposta para entender exatamente o que Jesus estava dizendo.

O Pai é um com Seu Filho

Ao dizer: "Meu Pai trabalha até agora, e eu trabalho também" (v. 17), Jesus estava dizendo: "Eu sou um com Deus. Ele trabalha no sábado, e eu trabalho no sábado. Somos iguais". Leon Morris explica:

> Neste texto, Sua defesa se baseia em sua relação íntima com o Pai... A expressão "Meu Pai" é digna de nota. Esse não era o modo como os judeus geralmente se referiam a Deus. Eles normalmente diziam "nosso Pai", e, embora pudessem usar a expressão "meu Pai" nas orações, eles a qualificavam com "que está no céu" ou com alguma outra expressão que removesse a sugestão de familiaridade. Jesus não fez isso

aqui ou em outro lugar. Ele habitualmente considerava Deus como tendo a mais estreita das relações com Ele mesmo.²

Os críticos de Cristo entenderam com clareza o que Ele estava sugerindo. É por isso que eles "procuravam matá-lo, porque... dizia que Deus era seu próprio Pai, fazendo-se igual a Deus" (v. 18).

Cristo, sendo onisciente, conhecia seus pensamentos homicidas, mas, mesmo assim, continuou enfatizando Sua unidade com o Pai: "o Filho nada pode fazer de si mesmo, senão somente aquilo que vir fazer o Pai; porque tudo o que este fizer, o Filho também semelhantemente o faz" (v. 19). Cristo estava dizendo: "Eu e o Pai somos um. Trabalhamos juntos".

Essa unidade entre o Pai e o Filho é também evidente na oração sacerdotal de Cristo em favor de todos os crentes: "Minha oração não é apenas por eles [os discípulos]. Rogo também por aqueles que crerão em mim, por meio da mensagem deles, para que todos sejam um, Pai, como tu estás em mim e eu em ti. Que eles também estejam em nós, para que o mundo creia que tu me enviaste. Dei-lhes a glória que me deste, para que eles sejam um, assim como nós somos um" (17.20-22, NVI). Havia uma intimidade e uma comunhão santa entre o Pai e o Filho.

O Pai ama o Seu Filho

O que mais Cristo ensina sobre Deus? Que "o Pai ama o Filho" (Jo 5.20). Cristo estava bem ciente do amor do Pai, pois Ele passou a orar em Sua oração sacerdotal: "eu neles [em todos os crentes] e tu em mim. Que eles sejam levados à plena unidade, para que o mundo

---

2 Leon Morris, *The Gospel According to John* [O Evangelho Segundo João], Grand Rapids: Eerdmans, 1971, pp. 308-9.

saiba que tu me enviaste, e os amaste como igualmente me amaste. Eu os fiz conhecer o teu nome, e continuarei a fazê-lo, a fim de que o amor que tens por mim esteja neles, e eu neles esteja" (17.23, 26, NVI). O amor do Pai pelo Filho é a fonte de nosso amor uns pelos outros, como crentes.

O Pai abençoa Seu Filho

O Pai não somente ama o Filho, mas também "lhe mostra tudo o que faz" (Jo 5.20). A união entre o Pai e o Filho resulta numa comunicação perfeita e completa em todos os sentidos. Cristo, por exemplo, conhecia todos os detalhes do plano de Deus para a redenção, mas, de qualquer forma, suportou a cruz pela alegria que lhe estava proposta (Hb 12.2).

O que era essa alegria? Mais uma vez, a oração sacerdotal de Jesus lança luz sobre a natureza do relacionamento divino. Essa era a alegria da glorificação, a qual Jesus explicou desta forma: "Eu te glorifiquei na terra, completando a obra que me deste para fazer. E agora, Pai, glorifica-me junto a ti, com a glória que eu tinha contigo antes que o mundo existisse" (Jo 17.4-5, NVI). Jesus glorificou o Pai exibindo totalmente os Seus atributos e realizando totalmente a vontade do Pai. Do mesmo modo, glorificamos a Deus quando deixamos que Seus atributos sejam refletidos através de nossas vidas e quando obedecemos à Sua vontade em tudo quanto fazemos.

O Pai Dá Autoridade ao Seu Filho

Que tipo de autoridade Cristo tem? A maior das maiores: "Pois assim como o Pai ressuscita e vivifica os mortos, assim também o Filho vivifica aqueles a quem quer. E o Pai a ninguém julga, mas ao Filho confiou todo julgamento... Vem a hora e já chegou, em que os mortos ouvirão a voz do Filho de Deus; e os que a ouvirem viverão. Porque assim como o Pai tem vida em si mesmo, também concedeu ao Filho ter vida em si mesmo" (Jo 5.21-22,25-26).

O Pai deu autoridade e poder para o Filho governar, reinar e julgar. O Filho, juntamente com o Pai, ressuscitará os mortos na grande ressurreição do último dia.

O Pai Honra o Seu Filho

A autoridade que o Filho goza é igual a do Pai. O objetivo disso, disse Cristo, é "que todos honrem o Filho do modo por que honram o Pai. Quem não honra o Filho não honra o Pai que o enviou... quem ouve a minha palavra e crê naquele que me enviou tem a vida eterna, não entra em juízo, mas passou da morte para a vida" (Jo 5.23-24). Todos os que creem em Deus da forma como Ele se revelou também crerão em Jesus. É impossível que alguém creia no que o Pai diz e rejeite o Filho. Essa é a honra conferida ao nosso Senhor Jesus Cristo.

PERTENCENDO À FAMÍLIA DE DEUS

Deus é Pai não apenas do Filho, mas também de todo crente. J. I. Packer escreveu:

> Podemos resumir todo o ensino do Novo Testamento numa única frase se falarmos dele como a revelação da paternidade do Criador santo. Da mesma forma, podemos resumir toda a religião do Novo Testamento se a descrevermos como o conhecimento de Deus como o nosso Pai santo. Se quisermos julgar o quão bem uma pessoa

compreende o cristianismo, temos que descobrir o quanto representa para ela o fato de ela ser filha de Deus e de ter Deus como seu Pai.
Se esse não for o pensamento que motiva e controla sua adoração, suas orações e toda a sua visão sobre a vida, significa que ela não entende muito bem o cristianismo afinal. Porque tudo o que Cristo ensinou; tudo o que faz com que o Novo Testamento seja novo e melhor do que o Antigo; tudo o que é distintamente cristão, em oposição ao que é simplesmente judeu, resume-se no conhecimento da Paternidade de Deus. "Pai" é o nome cristão para Deus.[3]

Em Romanos 8.14-17, Paulo falou de nossa adoção na família de Deus como Seus filhos: "Pois todos os que são guiados pelo Espírito de Deus são filhos de Deus... [Nós recebemos] o espírito de adoção, baseados no qual clamamos: Aba, Pai! O próprio Espírito testifica com o nosso espírito que somos filhos de Deus... [e] somos também herdeiros, herdeiros de Deus e co-herdeiros com Cristo".

Aba é um termo aramaico que significa "papai" ou "paizinho". É um termo pessoal que reflete confiança, dependência, intimidade e amor. Antes, éramos pecadores vivendo com medo; agora, somos filhos sob o cuidado de nosso Pai Celestial. Antes, éramos estrangeiros; agora, somos amigos íntimos. A nossa adoção significa que podemos entrar na presença majestosa de Deus e dizer: papai.

É papel do Espírito Santo, o terceiro membro da Trindade, dar-nos um profundo senso de intimidade com o Pai. Ele nos impele a ir à presença de Deus para termos uma comunhão íntima, não com

---

3 J. I. Packer, *Knowing God*, p. 182, traduzido para o português como *O Conhecimento de Deus*, São Paulo: Mundo Cristão, 2005.

medo, mas com um senso de liberdade e confiança. Isso torna fácil compartilhar com Deus as preocupações mais profundas do nosso coração. Podemos dizer a Ele: "Preciso falar com o Senhor sobre este problema".

O autor de Hebreus falou sobre nossa intimidade com Deus da seguinte maneira:

> *Pois, tanto o que santifica [Cristo] como os que são santificados [os crentes], todos vêm de um só. Por isso, é que ele não se envergonha de lhes chamar irmãos, dizendo: A meus irmãos declararei o teu nome, cantar-te-ei louvores no meio da congregação*
>
> Hb. 2.11-12

Jesus nos chama de irmãos e irmãs e vê a Si mesmo de braços dados conosco, cantando louvores a Deus!

UMA PARÁBOLA SOBRE DEUS

No livro de Lucas há uma história contada por Jesus, geralmente chamada de "Parábola do Filho Pródigo" (15.11-32). Esse título é um pouco equivocado, porque o foco da parábola está no pai amoroso e não no filho pecador. Ela ilustra a paternidade de Deus de uma forma prática e nos ajuda a ver como Deus é realmente.

O Filho Teimoso

A parábola é sobre um homem com dois filhos. Embora o pai ainda estivesse vivo, o filho mais novo exigiu sua parte da herança da propriedade rural de seu pai (isso equivaleria a um terço de tudo, visto que ele era o filho mais novo). Esse pedido foi obviamente uma demonstração de grande falta de respeito. Na verdade, conforme os costumes do Oriente Médio, isso equivalia a desejar a morte do pai.

Pouco depois de receber sua herança, o filho mais novo decidiu viajar para um país distante, onde dissipou sua herança, "vivendo dissolutamente" (v. 13). Essa expressão fala de desperdícios, excessos e de uma extravagância desmedida. Apesar de não sabermos exatamente o que ele fez com a herança, sabemos que ele se arruinou, vivendo sem restrições e consumindo toda a sua fortuna.

Mais tarde, o filho mais novo enfrentou uma dupla desgraça. Depois de ter gastado tudo, houve uma grande fome na terra, e ele começou a passar extrema necessidade. Visto que a comida era escassa e custava caro, ela não era doada por ninguém. Posteriormente, ele trabalhou para um cidadão daquele país, e o novo empregador o enviou ao campo para alimentar porcos — animais impuros, conforme as leis cerimoniais judaicas. Aparentemente, nem o empregador nem ninguém lhe deu qualquer coisa para comer antes que ele fosse para o trabalho. Talvez o empregador valorizasse mais os porcos do que a vida humana, pensando que os animais poderiam ao menos ser comidos ou vendidos para dar lucro. O filho faminto ficou com tanta fome que queria comer a comida dos porcos!

O Pai Gracioso

Quando veio a desilusão, o filho mais novo finalmente caiu em si e disse: "Quantos trabalhadores de meu pai têm pão com fartura, e eu aqui morro de fome!" (v. 17). "Trabalhadores" não diz respeito aos escravos ou servos contratados, mas a trabalhadores diaristas. Ele estava dizendo: "Até mesmo as pessoas que passavam pela estrada, que eram contratadas pelo meu pai para um dia de trabalho, tinham comida suficiente para comer".

E dessas circunstâncias desoladoras, veio o início do arrependimento. Ele admitiu a responsabilidade por sua condição, dizendo: "Levantar-me-ei, e irei ter com o meu pai, e lhe direi: 'Pai, pequei contra o céu e diante de ti; já não sou digno de ser chamado teu filho; trata-me como um dos teus trabalhadores'" (vv. 18-19). Isso não era um truque esperto para conseguir comida de graça, mas sim uma confissão humilde de seu coração. Ele estava genuinamente arrependido, não por sua falta de dinheiro ou comida, mas por causa do que havia feito. Ao dizer que havia pecado contra o céu, ele estava reconhecendo que pecara contra Deus.

Humilde e arrependido, o filho mais novo levantou-se "e foi para seu pai" (v. 20). Observe que Jesus não disse que o jovem foi para a sua aldeia, fazenda ou lar, mas para seu pai. Ele estava enfatizando o relacionamento entre o pai e o filho.

Enquanto o filho mais novo ainda estava bem longe, "seu pai o avistou, e, compadecido dele, correndo, o abraçou, e beijou. E o filho lhe disse: Pai, pequei contra o céu e diante de ti; já não sou digno de ser chamado teu filho" (vv. 20-21). Mas antes que ele pudesse dizer: "trata-me como um dos teus trabalhadores", seu pai o chamou para uma celebração. É assim que o nosso Pai Celestial é. Ele está tão ansioso para que possamos ir até Ele que Ele nos abraça com amor e nos beija, mesmo antes que todas as nossas palavras de confissão possam ser proferidas.

O pai disse aos seus servos: "Trazei depressa a melhor roupa, vesti-o, ponde-lhe um anel no dedo e sandálias nos pés; trazei também e matai o novilho cevado. Comamos e regozijemo-nos, porque este meu filho estava morto e reviveu, estava perdido e foi achado" (vv. 22-24). Num espírito de perdão, o pai proveu seu filho com o melhor de tudo quanto tinha. Semelhantemente, Deus é um Pai que ama profundamente todos os pecadores arrependidos. Ele os abraça, alegra-Se neles e lhes dá o Seu melhor.

O RELACIONAMENTO DO PAI COM OS CRENTES

Em João 5, vimos que Jesus fala do relacionamento íntimo do Pai com o Filho, e que a parábola do pai amoroso, em Lucas 15, fala do relacionamento íntimo do Pai com os crentes. As mesmas lições que Cristo ensinou sobre o Pai, em João 5, estão ilustradas na parábola. A questão é esta: o amor de Deus por nós não é menor do que o amor dEle por Seu Filho. Vejamos como isso é verdade.

O Pai é Um com Seus Filhos

Na parábola, o filho mais novo estava preparado para dizer ao seu pai: "não sou digno de ser chamado teu filho". Mas quando ele chegou, seu pai ordenou uma festa — "porque este meu filho" (Lc 15.24). O Pai, da mesma forma, declara como Seu o pecador que se arrepende e vem a Ele para ter perdão.

Cristo enfatizou a nossa unidade com o Pai quando disse: "Na casa de meu Pai há muitas moradas. Se assim não fora, eu vo-lo teria dito. Pois vou preparar-vos lugar" (Jo 14.2). Note que há apenas uma casa com muitos cômodos. É a casa do Pai. O céu não é uma porção de quarteirões de ruas com muitas mansões. Nossa residência não será encontrada andando seis quarteirões à direita e descendo uma quadra. Nós todos, como crentes, viveremos na casa do Pai porque somos um com Ele e membros da mesma família.

O Pai Ama Seus Filhos

O pai avistou o filho mais novo quando "vinha ele ainda longe" (Lc 15.20). Desde que seu filho mais novo partiu, o pai esteve aparentemente vigiando pelo seu retorno. Vendo seu filho à distân-

cia, o pai "compadecido dele, correndo, o abraçou, e beijou" (v. 20).
Observe que foi o pai quem tomou a iniciativa de amar seu filho. O pai não esperou que seu filho fizesse um discurso. Ele não disse para si mesmo: "Só quero ver o que ele vai dizer quando chegar aqui! Como ele lidará com isso"? Vemos essa iniciativa ilustrada também na parábola da ovelha perdida:

> Qual, dentre vós, é o homem que, possuindo cem ovelhas e perdendo uma delas, não deixa no deserto as noventa e nove e vai em busca da que se perdeu, até encontrá-la? Achando-a, põe-na sobre os ombros, cheio de júbilo (vv.4-5).

Todo pastor busca uma ovelha perdida, não apenas por obrigação, mas por amor. Assim como um pastor buscando uma ovelha perdida, o pai se comoveu com piedade e compaixão no mais íntimo de seu ser. Ele correu ao encontro de seu filho e se lançou ao seu pescoço com um abraço amoroso, beijando-o repetida e intensamente.

Nosso Pai Celestial nos ama da mesma maneira. Alguns crentes, contritos e arrependidos por algum pecado que cometeram, lutam para acreditar que Deus os ama e perdoa. Mas essa dúvida e medo não têm fundamento bíblico, porque nosso Pai não só nos aceita, como também corre para nos abraçar com amor.

Conta-se uma história de um crente que morreu e foi para o céu. O Pai abraçou-o com amor e disse: "Filho, estive esperando por você". Juntos, eles olharam para trás para ver como o homem havia vivido sua vida. À medida que faziam isso, o homem notou que, vez por outra, havia duas pegadas em sua vida e, às vezes, havia quatro. Então, o homem disse: "Pai, eu compreendo as quatro pegadas porque isso aconteceu quando o Senhor andou comigo. Mas por que, ó Pai, havia apenas duas pegadas em determinados momentos"?

O Pai sorriu e respondeu: "Aquelas foram as vezes em que Eu o carreguei".

É assim que acontece com o Pai. Ele ama Seus filhos. Caminha com eles e, se for preciso, Ele os carrega.

O Pai Abençoa Seus Filhos

Abraham Lincoln foi questionado sobre como ele trataria os rebeldes do sul, uma vez que eles haviam sido derrotados e retornaram para a união dos Estados Unidos. Dizem que o Presidente respondeu: "Eu os tratarei como se nunca tivessem feito nada de errado".

Na parábola, foi assim que o pai respondeu ao seu filho mais novo, pois ele disse aos seus servos: "Trazei depressa a melhor roupa, vesti-o" (Lc 15.22). Por que a melhor roupa? Porque para as pessoas daquela época, esse era um sinal de que ele pertencia à família.

Você pode pensar que o filho não merecia tamanha bênção. Mas esse não é o ponto principal, a natureza do pai é o ponto principal. Se Deus nos desse o que merecemos, seríamos consumidos. Essa é a maravilha do amor de Deus, não é mesmo? Apesar do que temos feito, Ele nos trata como filhos e filhas que nunca fizeram nada de errado.

O Pai Dá Autoridade a Seus Filhos

O pai ordenou que colocassem um anel na mão de seu filho (v. 22). Era um anel de sinete, que simbolizava a autoridade familiar. Quando qualquer coisa era feita oficialmente por uma família, isso era selado e o anel de sinete da família era impresso no selo. Se você tivesse esse anel, você poderia legalmente falar em nome de toda a família.

O Pai deu autoridade a nós como Seus filhos? Sim. Cristo deixou isso claro quando disse aos Seus discípulos: "[Vós] sereis minhas testemunhas" (At 1.8). Paulo colocou isso desta maneira: "somos embaixadores em nome de Cristo, como se Deus exortasse por nosso intermédio" (2 Co 5.20). Nós temos autoridade para agir em nome de Deus e para falar aos outros sobre Ele. Um dia teremos autoridade para julgar até mesmo o mundo e os anjos! (1 Co 6.2-3).

O Pai Honra os Seus Filhos

O pai ordenou que seus servos colocassem sandálias nos pés de seu filho. Os escravos andavam descalços, os homens livres não. Ele queria que seu filho fosse considerado com respeito. O pai também pediu para que fizessem uma celebração que incluía festa, música e dança. Ele queria que todos se juntassem para honrar o filho que, em certo sentido, havia estado morto, mas agora estava vivo.

Nosso Pai quer que desfrutemos de uma comunhão íntima com Ele. Embora possamos ocasionalmente nos desviar dEle, Ele está sempre pronto para nos receber de volta e nos dar muito mais do que poderíamos desejar ou merecer. Não é de se admirar que o apóstolo João tenha dito: "Vede que grande amor nos tem concedido o Pai, ao ponto de sermos chamados filhos de Deus" (1 Jo 3.1).

Como é Deus? Ele é nosso Pai amoroso. É assim que você pensa a respeito dEle?

Capítulo 11

A Glória do Nosso Deus

David Brainerd anelava pela salvação dos americanos nativos espalhados ao longo das trilhas coloniais mais ao oeste. De 1742 a 1747, ele labutou entre as tribos em Nova Iorque, Nova Jersey e na Pensilvânia. No início, ele via pouca coisa que o encorajasse e pensou seriamente em abandonar seu trabalho entre eles por completo. Mas a situação se inverteu a tempo, e dezenas de americanos nativos chegaram a conhecer a Cristo.

No entanto, a saúde precária de Brainerd o obrigou a abandonar seus esforços missionários, e ele morreu aos 29 anos de idade.

Ele passou seus últimos dias na casa de seu célebre amigo Jonathan Edwards. Antes de sua morte, Brainerd consentiu em deixar seu diário com Edwards para que fosse publicado. Esse volume teve um impacto incalculável na vida de outros, porque revela a devoção, a seriedade, a sinceridade e o espírito de autonegação de Brainerd. Missionários como Henry Martyn, William

Carey e Jim Elliot falaram da grande inspiração que receberam ao ler o diário de Brainerd.

Estes são alguns dos últimos registros feitos por Brainerd:

> Neste dia, percebi com clareza que eu nunca seria feliz, sim, que o próprio Deus não poderia me fazer feliz, a menos que eu estivesse numa condição de "agradá-Lo e glorificá-Lo para sempre". Se eu não tivesse isso e fosse aceito em todos os belíssimos paraísos que podem ser imaginados pelos homens ou anjos, ainda assim eu seria infeliz para sempre...
> Ó, amar e louvar mais a Deus; agradá-Lo para sempre! Isso foi o que minha alma almejou depois e é o que ela almeja mesmo agora enquanto escrevo. Ó, que Deus seja glorificado em toda a terra!...
> Ainda estava numa condição doce e confortável e fui novamente enternecido com desejos de que Deus fosse glorificado, e com anseios de amar a Deus e de viver para Ele... Ó, eu desejava estar com Deus para contemplar Sua glória e prostrar-me em Sua presença![1]

Está claro que o desejo de Brainerd era magnificar a glória de Deus diante do mundo. Ele também ansiava por sua partida do mundo, pois desejava ver a glória de Deus no céu. A que exatamente a "glória de Deus" se refere? Ela é a soma de quem Ele é — a soma de

---

1 Jonathan Edwards, *The Life and Diary of David Brainerd*, Grand Rapids: Baker, 1989, pp 357-67; traduzido para o português como *A Vida de David Brainerd*, São José dos Campos: Editora Fiel, 1993.

Seus atributos e de Sua natureza divina. Ao longo da história, Deus tem se esforçado para mostrar Sua glória a homens e mulheres. Vejamos como isso se dá.

A GLÓRIA DE DEUS NO JARDIM

A glória de Deus estava presente no princípio, no Jardim do Éden. Ali, Ele se manifestou a Adão e Eva, que viveram em Sua presença e desfrutaram da comunhão com Ele. É provável que Deus tenha revelado Sua glória a eles de algum modo visível. Vemos, ao longo das Escrituras, que sempre que Deus quis se revelar a determinadas pessoas, Ele o fez através de uma luz brilhante chamada *Shekinah*. Essa é uma palavra hebraica que significa "habitar" ou "residir com". Deus revelou Sua glória a eles para que pudessem reconhecê-Lo como o glorioso Deus que Ele é e dar-Lhe o devido respeito.

Infelizmente, essa manifestação da glória de Deus foi apenas temporária. Quando Adão e Eva pecaram, "quando ouviram a voz do SENHOR Deus, que andava no jardim pela viração do dia, esconderam-se da presença do SENHOR Deus, o homem e sua mulher, por entre as árvores do jardim" (Gn 3:8). A queda interrompeu sua comunhão com Ele, e eles já não se deleitavam em Sua presença.

Além disso, Deus expulsou Adão e Eva do jardim porque eles não estavam mais aptos para estar onde a Sua glória estava. Ele até colocou um anjo com uma espada na entrada do jardim para mantê-los do lado de fora. A presença do anjo e espada refulgente servia como um aviso: "A única maneira de vocês serem restaurados à comunhão com Deus é através do julgamento". Enfim, há somente um caminho pelo qual a humanidade caída pode desfrutar de comunhão com Deus, e este é por meio de Jesus Cristo, que suportou o julgamento de Deus em nosso lugar.

A GLÓRIA DE DEUS NO MONTE SINAI

Deus também revelou Sua glória a Moisés. Embora Deus o tenha comissionado para liderar Israel à Terra Prometida, esse pensamento o intimidava (Êx 33.12-13).

O Senhor respondeu: "A minha presença irá contigo, e eu te darei descanso" (v. 14). A palavra hebraica traduzida como "descanso" não se refere a uma cessação de atividade, mas à proteção e bênção. O Senhor prometeu que estaria com Moisés, supriria suas necessidades e daria segurança ao seu povo.

Mostra-me a Tua glória!

Embora a resposta do Senhor, sem dúvida, tenha encorajado Moisés, ele ainda queria algum tipo de prova visível para verificar que o Senhor, de fato, estaria com ele. Por essa razão, ele fez este pedido: "Rogo-te que me mostres a tua glória" (v. 18). Moisés estava pedindo uma visão manifesta de Deus!

O Senhor respondeu: "Farei passar toda a minha bondade diante de ti" (v. 19). Essa foi uma resposta maravilhosa à oração de Moisés, pois era a promessa de exibir todos os Seus atributos diante dele. Depois, o Senhor explicou como faria isso: "E te proclamarei o nome do SENHOR; terei misericórdia de quem eu tiver misericórdia e me compadecerei de quem eu me compadecer". "[Mas] não me poderás ver a face, porquanto homem nenhum verá a minha face e viverá. Disse mais o SENHOR: Eis aqui um lugar junto a mim; e tu estarás sobre a penha. Quando passar a minha glória, eu te porei numa fenda da penha e com a mão te cobrirei, até que eu tenha passado. Depois, em tirando eu a mão, tu me verás pelas costas; mas a minha face não se verá" (vv. 19-23).

O Senhor cobriria Moisés com a mão enquanto Sua glória passasse. Dessa forma, Moisés não poderia ver o Seu rosto, que é a essência de Seu ser. As Escrituras dizem que homem algum jamais viu o rosto do Senhor (Jo 1.18; 6.46; 1 Jo 4.12). Se alguém o fizesse, seria consumido. Quando o Senhor tirasse Sua mão, Moisés veria as costas do Senhor. O que Suas costas representavam? A fosforescência ou resplendor da glória do Senhor. É claro que Deus, na verdade, não tem um rosto, mão ou costas. Conforme observamos anteriormente, as Escrituras caracterizam o Senhor em termos humanos para se acomodar ao nosso entendimento finito.

Talvez a fosforescência de Deus seja como o brilho do sol. Ninguém jamais viu o Sol verdadeiro. O que vemos são chamas gasosas que se lançam do Sol. Se estivéssemos perto o bastante para ver o Sol, seríamos consumidos. Visto que o Sol é tão devastador e brilhante, como deve ser Deus? A glória de toda a criação é apenas um reflexo parcial e embaçado da plena glória do Criador.

O Rosto Brilhante

Então, o Senhor instruiu Moisés, dizendo:

> *E prepara-te para amanhã, para que subas, pela manhã, ao monte Sinai e ali te apresentes a mim no cimo do monte. Ninguém suba contigo, ninguém apareça em todo o monte; nem ainda ovelhas nem gado se apascentem defronte dele.*
>
> Êx. 34.2-3

Quando Moisés chegou ao topo da montanha, "tendo o SENHOR descido na nuvem, ali esteve junto dele e proclamou o nome do SENHOR" (v. 5).

Em cumprimento à promessa anterior, o Senhor passou por Moisés proclamando: "SENHOR, SENHOR Deus compassivo, clemente e longânimo e grande em misericórdia e fidelidade; que guarda a misericórdia em mil gerações, que perdoa a iniquidade, a transgressão e o pecado, ainda que não inocenta o culpado, e visita a iniquidade dos pais nos filhos e nos filhos dos filhos, até à terceira e quarta geração!" (vv. 6-7). Essa é a caracterização complexa da própria glória de Deus.

Ao ouvir essas palavras majestosas, "imediatamente, curvando-se Moisés para a terra, o adorou" (v. 8). Durante quarenta dias, Deus revelou Sua Lei a Moisés. Quando ele desceu finalmente do Monte Sinai, "não sabia Moisés que a pele do seu rosto resplandecia, depois de haver Deus falado com ele" (v. 29). Seu rosto estava refletindo a glória de Deus. Quando Arão e o restante de Israel viram seu rosto brilhando, tiveram medo de se aproximar dele. Moisés, no entanto, chamou-os para si e falou com eles. Depois, ele colocou um véu sobre o rosto, "para que os filhos de Israel não atentassem na terminação do que se desvanecia" (2 Co 3.13). A glória não durou muito.

Isso me lembra uma época em que eu, quando criança, fui com meus pais a um parque de diversões. No parque havia uma loja que vendia objetos que brilhavam no escuro. Eu pensei que aquilo era a coisa mais formidável que eu já tinha visto. Já que meus pais disseram que eu poderia comprar um, entrei na loja. As luzes estavam apagadas, e tudo estava brilhando. Foi fantástico. Escolhi algo que realmente gostara — algo que brilhava com cores diferentes.

Quando voltei para casa, esperei até ao anoitecer para tirar aquela coisa do pacote. Depois de desembrulhar, coloquei-a sobre a minha cômoda, mas notei que não havia nenhum brilho. Pensei: "Fomos roubados"! Meu pai, observando tudo isso, disse-me:

"Você sabe por que essa coisa não brilha? É porque ela não tem luz própria". Meu pai segurou o objeto próximo a uma luz por mais ou menos um minuto, e depois o devolveu para mim. E dessa vez, brilhou! Mas, após uma hora aproximadamente, ele não brilhou mais.

Da mesma forma, Moisés não tinha nenhum brilho ou luz próprios. Todavia, Deus decidiu enviá-lo para descer a montanha com uma fosforescência de Sua própria glória.

A GLÓRIA DE DEUS NO TABERNÁCULO

Deus também revelou a Sua glória no tabernáculo (Êx 40.34). O tabernáculo incluía o Santo dos Santos, que continha a arca da aliança. Na parte superior da arca, estava o propiciatório, onde o sumo sacerdote aspergia sangue uma vez por ano como expiação pelos pecados do povo.

Era sobre o propiciatório que a *Shekinah* de Deus habitava ou tabernaculava, pois Deus disse a Moisés: "Ali, virei a ti e, de cima do propiciatório, do meio dos dois querubins que estão sobre a arca do Testemunho, falarei contigo acerca de tudo o que eu te ordenar para os filhos de Israel" (25.22).

Outro lembrete da glória de Deus para o povo foi o acampamento de Israel durante os quarenta anos de peregrinação. Sempre que as pessoas paravam para montar o acampamento, os sacerdotes eram os que deviam ficar mais próximos do tabernáculo. Um pouco além dos sacerdotes, ficavam as famílias levitas, enquanto que o restante das 12 tribos formava um círculo mais afastado. O tabernáculo estava localizado no centro exato das tribos.

Por que uma organização desse tipo? Era para ajudar as pessoas a se concentrarem na glória de Deus que estava no meio delas. A glória subiria para o céu quando Deus quisesse que eles se movessem e desceria quando Ele quisesse que eles acampassem.

A GLÓRIA DE DEUS NO TEMPLO

Após Salomão haver concluído o templo, que era uma estrutura permanente para substituir o tabernáculo, "uma nuvem encheu a Casa do SENHOR, de tal sorte que os sacerdotes não puderam permanecer ali, para ministrar, por causa da nuvem, porque a glória do SENHOR enchera a Casa do SENHOR" (1 Re 8.10-11). O templo era um edifício magnífico, inigualável no mundo. Com isso, Deus estava novamente dizendo ao povo: "Vejam a minha glória. Concentrem-se nela. Reconheçam quem Eu sou e me deem a devida reverência e adoração".

Embora o templo tenha sido construído para glorificar a Deus, o povo não honrava a Deus como deveria. Isso ficou evidente principalmente nos dias de Ezequiel, o profeta. Numa visão maravilhosa, ele detalha a idolatria pagã, a qual ele testemunhou acontecer no templo (Ez 8.2-17). A nação havia rapidamente decaído desde os dias de Salomão.

Por causa do pecado do povo e da recusa em se arrepender, Deus removeu Sua glória do templo. A partida foi progressiva, mas total. Primeiro, a Sua glória partiu rapidamente até a entrada do templo, mas depois voltou ao seu lugar habitual, no propiciatório (Ez 9.3).

Ela partiu mais uma vez para a porta, mas dessa vez não retornou (10.4). Da porta, ela se moveu para o pátio (v. 18). Dirigindo-se para as asas dos anjos, a glória de Deus moveu-se para o portão ao lado leste do templo. Finalmente, ela "subiu do meio da cidade e se pôs sobre o monte que está ao oriente da cidade" (11.23). Estava evidente para que todos vissem: Deus estava abandonando Sua cidade por causa do pecado dela. Escrita sobre Israel, estava a palavra "icabode", que significa "foi-se a glória de Israel".

A GLÓRIA DE DEUS EM JESUS CRISTO

O Evangelho de João começa assim: "No princípio era o Verbo, e o Verbo estava com Deus, e o Verbo era Deus... E o Verbo se fez carne e habitou entre nós, cheio de graça e de verdade, *e vimos a sua glória*, glória como do unigênito do Pai" (1.1, 14, grifo meu).

Mas quando Jesus Cristo veio ao mundo, Sua glória foi velada. Ele estava entre os homens, mas a maioria deles não sabia quem Ele era. Isaías profetizou: "Ele não tinha qualquer beleza ou majestade que nos atraísse, nada havia em sua aparência para que o desejássemos. (Is 53.2, NVI). No entanto, Cristo disse aos Seus discípulos que em Sua segunda vinda, "o Filho do Homem há de vir na glória de seu Pai" (Mt 16.27). Ou seja, haverá um exibição completa de Seus atributos divinos. Sua glória resplandecente e desvelada iluminará todo o universo.

Indubitavelmente, a promessa de Cristo acerca do futuro confortou os discípulos, mas Ele sabia que eles precisavam de incentivo naquele exato momento. Por essa razão, Ele disse: "Há, dos que aqui se encontram, que de maneira nenhuma passarão pela morte até que vejam vir o Filho do Homem no seu reino" (16.28). A palavra grega traduzida como "reino" diz respeito ao esplendor régio e à majestade real. Três dos discípulos estavam prestes a ter uma demonstração particular da glória de Cristo.

Seis dias mais tarde, Jesus levou Pedro, Tiago e João a uma montanha alta e "foi transfigurado diante deles; o seu rosto resplandecia como o sol, e as suas vestes tornaram-se brancas como a luz" (17.2). Sua forma mudou totalmente. A glória de Deus irradiava de dentro para fora, a luz que vinha dEle era tão brilhante quanto o Sol.

Anos mais tarde, Pedro testemunhou: "Porque não vos demos a conhecer o poder e a vinda de nosso Senhor Jesus Cristo seguindo fábulas engenhosamente inventadas, mas nós mesmos fomos testemunhas oculares da sua majestade" (2 Pe 1.16). João estava se referindo ao mesmo fato quando disse: "vimos a sua glória, glória como do unigênito do Pai" (Jo 1.14). O que aqueles discípulos veem? A glória resplandecente de Deus!

No presente, a glória de Deus é demonstrada na igreja. Paulo disse: "A [Deus] seja a glória, na igreja e em Cristo Jesus, por todas as gerações, para todo o sempre" (Ef 3.21). A habitação de Cristo em si mesma é a esperança da glória para todo crente (Cl 1.27). Deus "resplandeceu em nosso coração, para iluminação do conhecimento da glória de Deus, na face de Cristo. Temos, porém, este tesouro em vasos de barro, para que a excelência do poder seja de Deus e não de nós" (2 Co 4.6-7).

Nosso objetivo na vida não é viver para nós mesmos, mas para irradiar a glória de Deus. "Quer comais, quer bebais ou façais outra coisa qualquer, fazei tudo para a glória de Deus", afirmou Paulo (1 Co 10.31). Esse é um versículo para ser vivido. Devemos ter um desejo apaixonado de fazer tudo quanto pudermos para ver Deus recebendo a glória que Ele merece.

Como Deus revelará Sua glória no futuro? Conforme observamos anteriormente, na Segunda Vinda de Cristo haverá uma manifestação sem precedentes de Sua glória. O nosso Senhor Jesus Cristo virá sobre as nuvens do céu "com poder e muita glória" (Mt 24.30). Sua glória resplandecente cegará o mundo, e os incrédulos clamarão aos rochedos e montes: "Caí sobre nós e escondei-nos da face daquele que se assenta no trono" (Ap 6.16). Cristo destruirá os Seus inimigos e receberá o cetro do trono de Davi para reinar com poder e glória, como Rei dos reis e Senhor dos senhores. Toda língua confessará "que Jesus Cristo é Senhor, para glória de Deus Pai" (Fp 2.11). O Rei Davi falou da glória de Cristo da seguinte maneira:

> *Levantai, ó portas, as vossas cabeças;*
> *Levantai-vos, ó portais eternos,*
> *Para que entre o Rei da Glória!*
> *Quem é o Rei da Glória?*
> *O SENHOR, forte e poderoso,*
> *O SENHOR, poderoso nas batalhas.*
>
> *Levantai, ó portas, as vossas cabeças;*
> *Levantai-vos, ó portais eternos,*
> *Para que entre o Rei da Glória!*
> *Quem é esse Rei da Glória?*
> *O SENHOR dos Exércitos,*
> *Ele é o Rei da Glória*
>
> Sl. 24.7-10

A condição final do céu também será cheia de glória para a Nova Jerusalém, ela "não precisa nem do sol, nem da lua, para lhe darem claridade, pois a glória de Deus a iluminou, e o Cordeiro é a sua lâmpada" (Ap 21.23). O brilho de Deus ilumina a cidade. O apóstolo João, observando uma prévia dessa glória, proclamou: "O louvor, e a glória, e a sabedoria, e as ações de graças, e a honra, e o poder, e a força sejam ao nosso Deus, pelos séculos dos séculos. Amém!" (Ap 7.12). Você está disposto a ecoar esse "Amém" vivendo sua vida para a glória de Deus?

Capítulo 12

A Adoração ao Nosso Deus

Joachim Neander, um compositor de hinos alemão, enriqueceu a Igreja com esta expressão triunfante de adoração:

Louvai ao Senhor, o Todo-Poderoso,
O rei da criação!
Ó minha alma, louvai-o,
Pois Ele é a tua saúde e salvação!
Todos vós que ouvis,
Agora, achegai a Seu templo;
Uni-vos a mim em alegre adoração!...

Louvai ao Senhor!
E tudo o que há em mim o adore!
Tudo o que tem vida e respiração,
Venha agora com louvores diante dEle.

Deixe que o Amém
Ressoe em Seu povo outra vez:
Alegremente o adoramos para sempre.[1]

Essa é uma ilustração apropriada para mostrar que o louvor e a adoração são aspectos integrantes do culto. A palavra comum no Novo Testamento para "adoração" é *proskuneo*, que significa "beijar" ou "reverenciar". Ela diz respeito ao ato de se curvar diante de um superior com um sentimento de temor e reverência. A adoração cristã é o ato de dar honra e respeito a Deus. Vejamos o que as Escrituras dizem sobre como fazer isso.

A ADORAÇÃO À DIVINDADE

Cristo destacou que Deus, o Pai, deve ser o objeto de nossa adoração quando Ele disse à mulher samaritana: "os verdadeiros adoradores adorarão o Pai" (Jo 4.23). O Deus Filho também deve ser adorado. Desde os primórdios da igreja, Cristo era professado como Senhor no batismo (Rm 6.3-4), confessado como Senhor na Igreja (Ef 3.10-12), confessado como Senhor em antecipação ao dia em que todo joelho se dobrará diante dEle (Fl 2.9-11) e considerado como o Senhor a quem clamamos nos tempos de necessidade (Hb 4.14-16). Quando Tomé viu o Cristo ressuscitado, ele o adorou proclamando: "Senhor meu e Deus meu!" (Jo 20.28).

Você pode perguntar: "E o Espírito Santo? Devemos adorá-lo também"? Embora não haja nada nas Escrituras que nos diga diretamente que devemos adorar o Espírito Santo, conforme já vimos, Ele é igual às outras duas Pessoas da Trindade e, portanto, digno de nossa adoração. Toda adoração é energizada pelo poder do Espírito.

---

1 N.T: A versão deste hino em português é o hino 7 do Hinário Adventista, mas a letra não corresponde ao texto original mencionado aqui.

É o Espírito que nos permite vir à presença de Deus e clamar: "Aba, Pai!" (Rm 8.15). Ele é chamado tanto de "Espírito de Deus" (Mt 3.16; Ef 4.30) como de "Espírito de Cristo" (Rm 8.9, 1 Pe 1.11). Podemos adorar o Espírito juntamente com o Pai e o Filho, mas perceba que o ministério único do Espírito na Era da Igreja é levar-nos a adorar o Filho. O Filho, por sua vez, chama-nos para adorar o Pai — embora todos os três sejam dignos de adoração. Esta é a adoração trinitária verdadeira: vir *ao* Pai, *por meio* do Filho, *no* Espírito.

Estou preocupado com as pessoas que adoram vagamente a Deus, que parecem adorar somente o Filho ou que se concentram de forma desordenada e incessante apenas no Espírito Santo. Deus deve ser adorado em Sua totalidade trinitária.

ADORAÇÃO: O OBJETIVO DA SALVAÇÃO

A adoração é a chave para entender toda a questão da salvação. Isso porque o objetivo da salvação é produzir verdadeiros adoradores. Eles são os que "adorarão o Pai em espírito e em verdade; porque são estes que o Pai procura para seus adoradores", disse Jesus (Jo 4.23). Quando Paulo evangelizava os perdidos, os seus perseguidores disseram acerca dele: "Este persuade os homens a adorar a Deus" (At 18.13). O âmago e a alma do evangelismo é chamar os perdidos para adorarem a Deus. Não viver uma vida de adoração é uma afronta à natureza santa de Deus e um ato rebelde no mundo dEle.

O registro dos Evangelhos é uma crônica de adoração. Quando os sábios viram a Cristo em Seu nascimento, eles se prostraram e o adoraram (Mt 2.11). Depois que os discípulos testemunharam Cristo caminhando sobre as águas e acalmando uma tempestade, eles o adoraram, dizendo: "Verdadeiramente és Filho de Deus!" (14.33). O cego a quem Cristo curou disse: "Sabemos que Deus não atende a pecadores; mas, pelo contrário, se alguém teme a Deus e pratica a sua vontade, a este atende" (Jo 9.31). Aquele homem estava enfatizando que existem apenas dois tipos de pessoas: aqueles que são ouvidos por Deus e aqueles que não o são. O contraste é entre pecadores e adoradores. Ser cristão é ser um adorador.

Nos Evangelhos, vemos que aqueles que chegaram a conhecer a Cristo ofereciam-lhe algum tipo de resposta de adoração — dando honra, deferência, respeito, reverência, adoração e louvor ao próprio Deus. E não devemos fazer menos do que isso. O autor de Hebreus disse: "Portanto, já que estamos recebendo um Reino inabalável, sejamos agradecidos e, assim, adoremos a Deus de modo aceitável, com reverência e temor, pois o nosso 'Deus é fogo consumidor'!" (12.28-29, NVI, cf. com Dt 4.24). A adoração aceitável é resultado da salvação. No entanto, a adoração atinge a sua plenitude quando o crente oferece a si mesmo a Deus — adorando-o com respeito e temor piedoso.

CENTRALIZANDO NOSSOS PENSAMENTOS EM DEUS

Como podemos cultivar um coração para a adoração? Concentrando os nossos pensamentos em Deus. A adoração é o transbordar de uma mente renovada pela verdade de Deus. Devemos focar nossa mente nEle.

A centralização dos nossos pensamentos em Deus começa com o que eu gosto de chamar *descoberta*. Ou seja, quando descobrimos uma grande verdade acerca de Deus, começamos a meditar nessa verdade até que ela cative todo o nosso processo de pensamento. Isso, por sua vez, levar-nos-á à adoração.

Às vezes, isso não será uma questão de descobrir algo novo. Talvez conheçamos uma verdade, mas a esquecemos. Ou talvez ainda nos lembremos, mas agora a vemos com mais clareza ou de uma perspectiva diferente.

Se a adoração é baseada na meditação, e a meditação é baseada na descoberta, em que a descoberta se baseia? Em gastar tempo com Deus, em oração e na Palavra. É lamentável que muitos considerem a oração principalmente como um modo de obter as coisas. Perdemos de vista o aspecto de companhia que a oração possui — de ficarmos calados e cientes da presença maravilhosa de Deus, estando apenas em comunhão com Ele ali.

Como crentes, estamos arraigados e fundamentados em Cristo, mas, o quão profundas nossas raízes crescerão e quão belos os nossos frutos parecerão, dependerá, em grande medida, do nosso processo de descoberta e meditação na verdade maravilhosa de Deus. Onde não existe descoberta, não haverá meditação; onde não há meditação, não haverá adoração.

Quando tentamos nos concentrar na adoração, encontramos um grande obstáculo — o eu. Em vez de nos permitirmos tempo para a oração, meditação e adoração, somos propensos a satisfazer os nossos próprios desejos. Temos a tendência de pensar nos nossos próprios projetos, atividades e necessidades, mas não em Deus. Uma forma de contornar essa tendência é tendo um coração cheio de descobertas vindas do nosso próprio estudo da Palavra de Deus. Mesmo que as aprendamos com outra pessoa, devemos meditar nessas verdades espirituais e torná-las nossas próprias. Ao fazermos isso, o Senhor encherá os nossos corações com louvor.

A FRAGRÂNCIA DA ADORAÇÃO

No Antigo Testamento, vemos que Deus deu muitas instruções sobre como o culto deveria ser realizado. Várias dessas instruções possuem um grande valor simbólico e são ferramentas fundamentais para o nosso ensino hoje. Um dos recursos visuais descritos pelo Senhor no Livro de Êxodo, é o seguinte:

> *Disse mais o SENHOR a Moisés: Toma substâncias odoríferas, estoraque, ônica e gálbano; estes arômatas com incenso puro, cada um de igual peso; e disto farás incenso, perfume segundo a arte do perfumista, temperado com sal, puro e santo. Uma parte dele reduzirás a pó e o porás diante do Testemunho na tenda da congregação, onde me avistarei contigo; será para vós outros santíssimo. Porém o incenso que fareis, segundo a composição deste, não o fareis para vós mesmos; santo será para o SENHOR. Quem fizer tal como este para o cheirar será eliminado do seu povo (30.34-38).*

Esse perfume era provavelmente a fragrância mais agradável que se poderia imaginar, mas Deus disse que se as pessoas fizessem esse perfume para si mesmas, custaria suas vidas. Isso porque essa fragrância era santa, destinada somente a Deus. Quando esse incenso subia a Deus, era exclusivo para Ele. Esse incenso representa a adoração como um ato sagrado que sobe do coração de uma pessoa para Deus no céu.

No Novo Testamento, lemos sobre outro presente perfumado oferecido a Deus em adoração. Dessa vez, foi apresentado para o Deus na Terra — o Senhor Jesus Cristo, Deus encarnado:

> *Foi Jesus para Betânia, onde estava Lázaro, a quem ele ressuscitara dentre os mortos. Deram-lhe, pois, ali, uma ceia; Marta servia, sendo Lázaro um dos que estavam com ele à mesa. Então, Maria, tomando uma libra de bálsamo de nardo puro, mui precioso, ungiu os pés de Jesus e os enxugou com os seus cabelos; e encheu-se toda a casa com o perfume do bálsamo.*
>
> Jo 12.1-3

Maria consentiu em usar o que era a sua glória — seu cabelo (cf. com 1 Co 12.15), para lavar os pés empoeirados e sujos de Jesus. E ela não usou água; usou um perfume muito caro. Essa é a essência da adoração: humildade, porém profundamente genuína.

A irmã de Maria, Marta, teve um foco diferente. Maria criou o hábito de se sentar aos pés de Cristo, aprendendo o máximo que pudesse dEle enquanto Marta se fatigava totalmente no serviço. Cristo dissera anteriormente que aquilo que Maria escolheu fazer era melhor do que todo o serviço de Marta (Lc 10.38-42).

Judas também tinha um foco diferente. Quando viu o que Maria havia feito com o unguento caríssimo, ele disse, "Por que não se vendeu este perfume por trezentos denários e não se deu aos pobres?" (Jo 12.5). João explica que Judas disse isso "não porque tivesse cuidado dos pobres; mas porque era ladrão e, tendo a bolsa, tirava o que nela se lançava" (v. 6). Cristo respondeu: "Deixai-a... porque os pobres, sempre os tendes convosco, mas a mim nem sempre me tendes" (vv. 7-8). Dar àqueles que passam necessidade verdadeiramente é importante. Mas dar o que pudermos para Deus quando temos a oportunidade de fazê-lo é infinitamente mais importante do que aquilo que damos às pessoas — qualquer pessoa.

A ação de Maria foi um ato de verdadeira adoração. À medida que a fragrância de seu perfume subia, enchendo a sala, isso era um poderoso símbolo de um coração cheio de adoração. É isso o que Deus procura.

Temos a tendência de ser muito pragmáticos, não é mesmo? Somos uma geração de Martas — sempre ocupada. Temos a igreja bem ajustada a um sistema, com todos os seus programas e atividades. E somos muito cautelosos para não desperdiçar nossa essência. Temos a tendência de anotar cuidadosamente até aquilo que damos para Deus, em vez de deitar fora um ano de salário e parar humildemente para enxugar os pés dEle com os nossos cabelos.

Acho que uma comparação da adoração com o serviço ou ministério pode ajudar a distinguir o que a verdadeira adoração, de fato, é. Para começar, ela não é a mesma coisa que ministério. O ministério *vem* do Pai para nós, por meio do Filho, no poder do Espírito Santo, a cada um de nós, na forma de dons espirituais. A adoração *vai* de nós até ao Pai, pelo poder do Espírito, através do Filho. O ministério *desce* de Deus para nós, enquanto que a adoração *sobe* de nós para Deus. As duas coisas devem estar em perfeito equilíbrio. Infelizmente, temos a tendência de ser muito guiados pelo ministério (como Marta) e não guiados suficientemente para a adoração. Precisamos aprender com Maria como nos sentar aos pés de Jesus e adorá-Lo.

Um pastor sábio escreveu muito tempo atrás:

> Venha agora, homenzinho, deixe de lado o seu negócio por um momento, refugie-se um pouco de seus pensamentos tumultuados; livre-se de seus cuidados e deixe que suas distrações opriments esperem. Tenha algum tempo livre para Deus; descanse um pouco nEle. Entre no aposento de sua mente; ponha tudo para fora, exceto Deus e tudo aquilo que o ajuda a buscá-lo; feche a porta e o busque. Diga a Deus agora com todo o seu coração: "Eu busco Tua face, ó Senhor, Tua face eu busco realmente".[2]

UMA OFERTA ALEIJADA

Talvez você esteja se sentindo motivado a adorar a Deus de uma maneira nova. Espero que sim, mas tenha essa advertência em

---

2 Citado por R. W. Southern in *Saint Anselm and His Biographer* [Santo Anselmo e seu Biógrafo], Cambridge: Cambridge University, 1963, p.49.

mente: é muito fácil adorar a Deus com uma atitude errada. Esse é um pecado no qual os Israelitas caíram. E, porque os sacerdotes eram os líderes nesse pecado, o Senhor os repreendeu, dizendo:

> O filho honra o pai, e o servo, ao seu senhor. Se eu sou pai, onde está a minha honra? E, se eu sou senhor, onde está o respeito para comigo? — diz o SENHOR dos Exércitos a vós outros, ó sacerdotes que desprezais o meu nome. Vós dizeis: Em que desprezamos nós o teu nome? Ofereceis sobre o meu altar pão imundo e ainda perguntais: Em que te havemos profanado? Nisto, que pensais: A mesa do SENHOR é desprezível.
>
> Ml. 1.6-7

Os sacerdotes tratavam a adoração com desprezo. Para eles, ela se tornou estritamente uma rotina. Na verdade, o fato de sacrificarem animais cegos, doentes e aleijados era uma prova disso. Já que esses animais provavelmente morreriam de qualquer maneira, não era um prejuízo para os sacerdotes oferecê-los ao Senhor. Em vez de oferecerem os melhores animais, eles ofereciam os piores. Esse foi um pecado grave, pois a Lei de Moisés deixava claro que somente animais sem defeito poderiam ser sacrificados (Lv 22.22-25).

O Senhor continuou sua repreensão, dizendo:

> Quando trazeis animal cego para o sacrificardes,
> não é isso mal?
> E, quando trazeis o coxo ou o enfermo, não é isso
> mal?
> Ora, apresenta-o ao teu governador;
> acaso, terá ele agrado em ti e te será favorável?...

> *Tomara houvesse entre vós quem feche as portas,*
> *para que não acendêsseis, debalde, o fogo do meu altar.*
> *Eu não tenho prazer em vós... nem aceitarei da vossa mão a oferta.*
>
> *Mas, desde o nascente do sol até ao poente,*
> *é grande entre as nações o meu nome;*
> *e em todo lugar lhe é queimado incenso e trazidas ofertas puras,*
> *porque o meu nome é grande entre as nações*
>
> Ml. 1.8, 10-11

O Senhor estava dizendo: "Se é assim que você me trata, como você acha que vou tratá-lo"? Há algumas coisas que Deus simplesmente não aceita, e uma delas é a adoração oferecida de modo materialista, ostensivo e indiferente.

Os israelitas chegaram a considerar o sistema de sacrifício com desprezo. Para eles, todo o exercício da adoração era apenas uma grande dor de cabeça. Eles provavelmente diziam algo como: "Que chatice! Temos que ir ao templo e adorar de novo. Vamos acabar logo com isso nos livrando de alguns animais aleijados e cegos — não precisamos deles mesmo"! Mas, conforme destacou Charles L. Feinberg:

> Como Deus poderia aceitar tamanha fraude e insulto como satisfatórios? E isso não era por causa da pobreza, mas o problema era a ganância. A maldição é pronunciada sobre o enganador que acha que pode fazer votos — nesses casos, prometia-se o melhor a Deus — um sacrifício apropriado

e, em seguida, cumpria-se o voto com um animal impróprio. Tais ofertas eram um insulto à majestade de Deus, pois Ele é um Rei grandioso.³

As pessoas estavam apenas fingindo oferecer um sacrifício, em vez de se apresentarem diante do Senhor com um coração humilde e com desejo de honrá-Lo. Além disso, eles mostraram maior desprezo falando mal de Deus, conforme se evidencia por esta reprimenda:

> *As vossas palavras foram duras para mim, diz o SENHOR; mas vós dizeis: Que temos falado contra ti? Vós dizeis: Inútil é servir a Deus; que nos aproveitou termos cuidado em guardar os seus preceitos e em andar de luto diante do SENHOR dos Exércitos? (3.13-14).*

Eles chegaram à conclusão de que não ganhavam dinheiro suficiente servindo o Senhor — não havia lucro suficiente nisso!

O que podemos aprender com esse mau exemplo? A importância de adorar a Deus com a atitude correta. Para continuarmos nessa linha de pensamento, temos que pensar nessas questões: *Deus está no centro da minha vida? Ele domina os meus pensamentos? Sou eternamente grato por tudo o que Ele tem feito por mim? Será que desviei minha atenção de uma vida centrada em Deus por causa do orgulho, da ganância, do egoísmo ou do materialismo?*

Não é sacrifício em si mesmo que Deus está procurando, mas a atitude de ação de graças por detrás dele. É por isso que Deus disse:

---

3 Charles L. Feinberg, *The Minor Prophets*, Chicago: Moody, 1951, p. 254; traduzido para o português como *Os Profetas Menores*, São Paulo: Editora Vida, 1988.

> *Pois são meus todos os animais do bosque*
> *e as alimárias aos milhares sobre as montanhas.*
> *Conheço todas as aves dos montes,*
> *e são meus todos os animais que pululam no campo.*
> *Se eu tivesse fome, não to diria,*
> *pois o mundo é meu e quanto nele se contém.*
>
> *Acaso, como eu carne de touros?*
> *Ou bebo sangue de cabritos?*
> *Oferece a Deus sacrifício de ações de graças*
> *e cumpre os teus votos para com o Altíssimo;*
> *invoca-me no dia da angústia;*
> *eu te livrarei, e tu me glorificarás...*
>
> *Considerai, pois, nisto, vós que vos esqueceis de Deus...*
> *O que me oferece sacrifício de ações de graças,*
> *esse me glorificará;*
> *e ao que prepara o seu caminho,*
> *dar-lhe-ei que veja a salvação de Deus.*
>
> Sl 50.10-15, 22-23

CHEGANDO PERTO DE DEUS

Como podemos nos preparar para adorar a Deus de um modo aceitável? O autor de Hebreus nos diz:

> *"Aproximemo-nos, com sincero coração, em plena certeza de fé, tendo o coração purificado de má consciência e lavado o corpo com água pura."*
>
> Hb. 10.22

A frase "aproximemo-nos" é um convite à adoração. A adoração aceitável não ocorre espontaneamente. O preparo é essencial. Para aqueles que gostariam de atender a esse chamado, há quatro questões a serem consideradas.

A Questão da Sinceridade

Devemos nos aproximar "com sincero coração". Nosso coração deve ser dedicado a louvar a Deus. É uma hipocrisia adorarmos a Deus quando, na verdade, estamos apáticos ou preocupados com nosso eu. Deus quer que o adoremos com todo o nosso coração.

A Questão da Fidelidade

Devemos nos aproximar "em plena certeza de fé". Os hebreus estavam se apegando às formas de culto do Antigo Testamento, mas a Nova Aliança deixava claro que não haveria mais cerimônias ou sacrifícios. Cada pessoa deveria estar disposta a dizer: "Estou me achegando a Deus na plena confiança de que não estou mais debaixo de um sistema cerimonial. Venho totalmente pela fé em Jesus Cristo". Também devemos estar completamente certos de que Deus aceita a nossa adoração por causa de nossa fé em Cristo.

A Questão da Humildade

Devemos nos aproximar de Deus "tendo o coração purificado de má consciência". Ou seja, devemos nos achegar a Deus reconhecendo que somos indignos de estar em Sua presença. A única razão pela qual podemos nos aproximar dEle é devido ao sangue de Cristo, que foi derramado na cruz para nos purificar do nosso pecado.

A Questão da Pureza

Antes de nos aproximarmos de Deus, precisamos ter "lavado o corpo com água pura". Isso se refere a uma purificação diária. Antes de podermos adorar, temos que tratar todos os pecados conhecidos em nossas vidas, através da confissão (1 Jo 1.9). Mesmo que nossos corações tenham sido purificados na cruz, nossos pés ainda pegam a poeira do mundo no dia-a-dia.

Toda vez que adorarmos, temos que nos preparar fazendo estas perguntas: *Estou sendo sincero? Meu coração está firme em Deus e íntegro? Estou vendo a Deus de uma nova maneira na Palavra, através da descoberta e da meditação, de modo a ser compelido a me aproximar dEle? Estou totalmente certo de que minha fé sincera em Cristo me leva diante do trono de Deus? Estou me aproximando com humildade, percebendo que só posso me aproximar dEle por causa do que Cristo fez por mim? Há algum pecado não tratado em minha vida?*

Talvez você esteja frequentando a igreja há anos, mas nunca se aproximou de Deus de verdade, nem sentiu a proximidade dEle —mesmo em suas devoções e orações particulares. Agora você já sabe ou talvez tenha sido lembrado: Deus o redimiu para que você possa adorá-Lo. Esse é o propósito para o qual você foi criado. Saiba também — e seja encorajado a fazê-lo — que ao contemplar o caráter de Deus, conforme você tem feito ao longo deste livro, você tem se colocado numa posição em que Palavra de Deus possa produzir o espírito da verdadeira adoração em seu coração. Continue vivendo à luz dos atributos de Deus, conforme revelados em Sua Palavra, e peça para que você possa conhecer mais e mais, por experiência própria, o que é adorar em espírito e em verdade. Essa é uma oração que o nosso grande Deus se deleitará em responder.

Guia

Guia para
Estudos
Pessoais e em
Grupo

Antes de começar o seu estudo pessoal ou em grupo neste livro, separe um tempo para ler estes comentários iniciais.

Se você estiver trabalhando num estudo para você mesmo, talvez você deseje adaptar certas seções (como por exemplo, os quebra-gelos) e registrar suas respostas a todas as perguntas num caderno separado. Você pode achar que é mais enriquecedor ou motivador estudar com um parceiro com quem você possa compartilhar as respostas ou ideias.

Se você estiver liderando um grupo, talvez queira pedir aos membros de seu grupo para ler cada capítulo designado e trabalhar com as perguntas do estudo antes do grupo se reunir. Isso nem sempre é fácil para adultos ocupados, por isso, encoraje-os com telefonemas ocasionais ou lembretes entre as reuniões. Ajude os membros do grupo a gerenciar seu tempo, pedindo-lhes para identificar um horário regular do dia ou da semana, no qual eles possam se dedicar ao estudo. Talvez eles também queiram anotar suas respostas num caderno.

Observe que cada seção inclui os seguintes recursos:

Tema do Capítulo - uma frase curta que resume o capítulo.

Quebra-gelo - atividades para ajudar cada membro do grupo a ficar mais familiarizado com o tópico da seção ou uns com os outros.

Perguntas para Descoberta em Grupo - lista de perguntas para encorajar a descoberta individual ou a participação do grupo.

Perguntas para Aplicação Pessoal - uma ajuda para aplicar o conhecimento adquirido através do estudo à vida pessoal de alguém (Nota: Essas são perguntas importantes para os membros do grupo responderem sozinhos, mesmo que não queiram discutir suas respostas no encontro).

Foco na Oração - sugestões para transformar sua aprendizagem em oração.

Tarefa - atividades ou preparação para serem feitas antes da próxima sessão. Aqui estão algumas dicas que podem ajudá-lo a liderar pequenos grupos de estudo de forma mais eficaz:

Ore pelos membros do grupo individualmente, pedindo ao Senhor para ajudá-lo a criar um ambiente de franqueza, no qual todos se sintam livres para compartilhar uns com os outros e com você.

Encoraje os membros do grupo a trazer suas Bíblias, bem como seus textos a cada sessão. Este livro baseia-se na versão *Almeida Revista e Atualizada*, mas é bom ter várias versões à mão para fins de comparação.

Comece e termine na hora. Isso é especialmente importante na primeira reunião, porque ela estabelecerá o padrão para as demais sessões.

Inicie com uma oração, pedindo para que o Espírito Santo abra os corações e mentes, dando entendimento para que a verdade seja aplicada.

Envolva todos. Como aprendizes, retemos apenas 10% do que ouvimos, 20% do que vemos, 65% do que vemos e ouvimos; mas 90% do que ouvimos, vemos e fazemos.

Promova um ambiente descontraído. Disponha as cadeiras em círculo ou semicírculo. Isso permite o contato visual entre os membros do grupo e incentiva o debate dinâmico. Seja descontraído em suas atitudes e conduta. Esteja disposto a compartilhar sobre si mesmo.

CAPÍTULO 1 - NOSSO DEUS TRIÚNO

Tema do Capítulo: Deus existe em três Pessoas distintas, mas qualquer tentativa de provar Sua existência será frustrada. Sua existência deve ser aceita pela fé.

Quebra-gelo

1. Sua tarefa é provar a existência de Deus. Quais métodos você pode utilizar para reunir provas? O que você imagina que será sua fonte mais confiável?

2. Pense em algumas ilustrações terrenas para a Trindade, exceto a do ovo ou da água. De que modo essa ilustração é falha para caracterizar a Trindade?

Perguntas para Descoberta em Grupo

1. Quais são as três razões que Freud oferece para sustentar sua teoria de que o homem precisa inventar um Deus para si? Explique cada uma delas.

2. Compare a visão de Freud sobre religião com outras ideias que você tem visto ou ouvido a respeito de Deus.

3. Por que o método científico é falho para provar a existência de Deus?

4. Basicamente, como um cristão reconhece a existência de Deus?

5. Explique como Deus pode ser um ser pessoal e também espiritual.

6. O que o fato de que há somente um Deus significa com respeito à salvação?

7. Em quais acontecimentos importantes do Novo Testamento vemos uma evidência óbvia da obra da Trindade?

8. De acordo com J. I. Packer, o que pode acontecer com a nossa compreensão acerca da Trindade quando tentamos explicá-la?

Perguntas para Aplicação Pessoal

1. De que modo você demonstra sua fé em Deus diariamente? Liste alguns textos das Escrituras que você considera indiscutíveis — os quais você obedeceria sem pensar duas vezes, mesmo que isso fosse antinatural para os incrédulos fazerem. O fato de ser obediente a Deus nessas questões prova sua fé nEle. Agora, aplique sua fé a um mandamento específico no qual você está tendo dificuldades para obedecer no momento.

2. Leia Deuteronômio 6.4-5 e Marcos 12.29-30. Como você poderia saber se esse mandamento de Deus, que é central tanto no Antigo quanto no Novo Testamento, é realmente a prioridade de sua vida? Se ele não for, qual é a sua prioridade? Em Deuteronômio 6.6-9, Deus forneceu alguns aspectos específicos pelos quais os israelitas poderiam fazer desse mandamento a sua prioridade. De que maneiras específicas você pode tornar esses versículos uma realidade em sua vida?

Foco na Oração

Agradeça a Deus pela forma como Ele se revelou a toda a humanidade, tanto em Sua Palavra como na criação. Agradeça por Ele se revelar a você pessoalmente e por lhe dar a fé para crer nEle. Agradeça por Ele ser um Deus confiável, porque Ele é o único Deus.

Tarefa

Aprendemos que as Escrituras descrevem Deus em termos humanos a fim de que possamos compreendê-Lo melhor. Ela também Lhe atribui títulos, de modo que tenhamos uma ideia dos papéis que Ele possui. Com cada uma das letras do alfabeto, escreva uma palavra que seja um título para Deus ou uma descrição de Seu caráter.

CAPÍTULO 2 - O NOSSO DEUS FIEL E IMUTÁVEL

Tema do Capítulo: A fidelidade de Deus para com Seus filhos é provada através de Sua promessa a Abraão. Podemos confiar em Sua fidelidade porque ela se baseia em Seu caráter imutável.

Quebra-gelo

1. Suponha que você tenha recebido uma carta de um amigo íntimo e de confiança pelo correio. Nela, ele pede para que você deixe sua casa, parentes e amigos e, com apenas a sua família imediata, vá para uma parte diferente do país. A carta não lhe diz o porquê disso ou o que você encontrará quando você chegar lá. Você iria? Sim ou não? Por quê?

2. Todos nós fazemos planos para várias coisas em nosso trabalho, em casa ou para o nosso próprio divertimento. Com que frequência os seus planos acabam sendo mudados? Que tipo de coisa muda os seus planos?

Perguntas para Descoberta em Grupo

1. O que Abraão sabia sobre a viagem que Deus pediu que ele fizesse? Por que ele foi?

2. Como Abraão poderia, de bom grado, dar seu filho Isaque como uma oferta a Deus, apesar de saber que a promessa de Deus para ele deveria ser cumprida em Isaque?

3. Por que Deus escolheu Abraão para ser o progenitor da nação de Israel?

4. Por que Deus fez sua aliança com Abraão dependendo completamente de Si mesmo como o guardador da mesma?

5. Explique como Abraão é o pai espiritual de todos os que creem em Deus. Se os crentes são os verdadeiros filhos de Abraão, o quão seguros eles estão? Por quê?

6. Por que Deus garante Sua promessa a Abraão com um juramento? (Hb 6.13-18)

7. Explique como Cristo é nossa garantia, sendo a âncora da nossa alma, tendo entrado dentro do véu (Hb 6.19-20).

8. Mencione duas passagens bíblicas que sugerem mudança em Deus e discuta o seu significado.

9. O que o caráter imutável de Deus significa para os crentes? Explique.

Perguntas para Aplicação Pessoal

1. Releia Gênesis 22.1-13. Coloque-se no lugar de Abraão. Como você teria reagido quando Deus disse a Abraão o que Ele queria que ele fizesse? Agora pense em algo que você sente que Deus queria que você fizesse recentemente, como: demonstrar amor a uma pessoa que você mal consegue suportar; ou mudar seus hábitos de consumo e se tornar um melhor administrador daquilo que Ele lhe deu. Baseado no exemplo de Abraão, quais são os benefícios de ser obediente a Deus? Com isso em mente, o que você fará — e quando?

2. Como você costuma reagir a mudanças? Se você for como a maioria pessoas, provavelmente não muito bem. O que mais lhe incomoda na mudança? Quantas mudanças ocorreram em sua vida que foram orquestradas por Deus? Visto que Deus é imutável e fiel para cumprir Suas promessas, como você deve ver as mudanças em sua vida?

Foco na Oração

Agradeça a Deus por tê-lo escolhido para a salvação. Agradeça a Ele porque a sua salvação não dependeu de nada que você fez ou pudesse fazer. Finalmente, agradeça a Ele pela intercessão contínua de Cristo em seu favor.

Tarefa

Desde o princípio, a humanidade tem desobedecido a Deus, no entanto, Deus não desistiu de nós. Mesmo que Ele tenha eliminado a maior parte da raça humana no dilúvio, deixou um remanescente para dar continuidade à espécie. Ele até providenciou um meio de redenção do pecado, por meio do sacrifício de Cristo na cruz. Leia 2 Pedro 3.3-13. O que Deus fará com a terra no final? Por quê? O que habitará nos novos céus e nova terra? Consequentemente, como você deveria se comportar?

CAPÍTULO 3 - NOSSO DEUS SANTO

Tema do Capítulo: Deus é santo, e Sua santidade é o padrão que todos quantos alegam ser cristãos devem desejar.

Quebra-gelo

1. Quando você compara sua pecaminosidade com a santidade de Deus, que tipo de pensamento lhe vem à mente?

2. Se você é pai ou mãe, você estabeleceu certas regras de conduta e especificou deveres que seus filhos devem cumprir. Como você se sente quando seus filhos são desobedientes? Como isso afeta o seu amor por eles?

Perguntas para Descoberta em Grupo

1. O que significa ser santo? Como as pessoas podem se tornar santas?

2. Explique por que Deus, embora odeie o pecado, redime de bom grado o pecador arrependido.

3. De que maneira a santidade de Deus é expressa para que todos vejam? Qual é a maior expressão da Sua santidade?

4. Após a morte do rei Uzias, como o povo respondeu ao chamado de Isaías para que se arrependessem de seus pecados?

5. Que confiança Deus deu a Isaías em relação à perda de Uzias?

6. Descreva um serafim. O que determinadas características de sua aparência indicam acerca da santidade de Deus?

7. O que aconteceu com Isaías como resultado de estar na presença santa de Deus? O que os crentes deixam de ter quando não compreendem a santidade de Deus?

8. Por que é importante que os crentes vivam vidas santas?

Perguntas para Aplicação Pessoal

1. Leia o Salmo 51. Quantas vezes Davi reconheceu sua pecaminosidade diante de Deus? Quantas vezes ele reconheceu a santidade de Deus e o direito que Ele tem de julgar seu pecado? O que ele pediu que Deus fizesse por ele? O que Davi reconhece que Deus quer dele? À medida que você confessa os seus pecados a Deus, utilize esse salmo como um modelo de como se dirigir a Ele.

2. Leia Romanos 7.7-25. Liste as afirmações de Paulo com as quais você pode se identificar especificamente. Como crente, o conflito entre se deleitar na vontade de Deus e falhar em manter esse deleite de forma perfeita deve estar presente em sua vida. Mesmo que você saiba que os crentes pecam, você deve resistir à tentação de racionalizar o que você faz de errado. O pecado não traz nada senão culpa, miséria e desespero à pessoa que se recusa a tratar dele. Siga o exemplo do salmista, que disse: "Guardo no coração as tuas palavras, para não pecar contra ti" (Sl 119.11).

Foco na Oração

Siga o exemplo de Davi, pedindo a Deus para lhe revelar o pecado em seu coração (Sl 139.23-24). Depois, peça-Lhe que crie um coração puro dentro de você — que você deseje apenas obedecer a Ele e amá-Lo.

Tarefa

Cada dia, durante a próxima semana, estabeleça o propósito de separar um tempo para pedir a Deus que revele os seus pecados a você e, depois, confesse-os. Após cada período de oração, registre seus pensamentos a respeito de seu pecado e da justiça de Deus.

CAPÍTULO 4 - NOSSO DEUS ONISCIENTE

Tema do Capítulo: Visto que Deus sabe todas as coisas, Ele conhece cada detalhe de nossa vida. Ele possui conhecimento e sabedoria perfeitos.

Quebra-gelo

1. Quantas coisas você não sabe sobre si mesmo na esfera material (por exemplo, quantos fios de cabelo há em sua cabeça)? O que você não sabe sobre si mesmo na esfera espiritual?

2. De que maneiras específicas as pessoas tentam esconder sua iniquidade? De qual delas você tem sido culpado?

Perguntas para Descoberta em grupo

1. Explique como é o conhecimento de Deus. Existe alguma coisa sobre nós que Ele não conheça?

2. Por que as pessoas que escondem seus pecados atrás de uma falsa religião são como sepulcros caiados?

3. Que tipo de perspectiva devemos ter quando parece que o ímpio prospera em sua perversidade?

4. Porque a sabedoria humana é deficiente para lidar com qualquer coisa de natureza espiritual?

5. Descreva o efeito da multicolorida sabedoria de Deus em Seu plano de salvação.

6. De que forma a onisciência de Cristo se mostrou benéfica para Pedro?

7. Como a onisciência de Deus pode oferecer conforto para aqueles que são Seus filhos?

Perguntas para Aplicação Pessoal

1. Leia 1 Coríntios 1.18-30. Pense de que maneiras as pessoas consideram a sabedoria de Deus como tolice hoje em dia. Agora olhe para sua própria vida. Há algum aspecto no qual você apoia a sabedoria do mundo? O que Tiago 3.13-18 diz sobre a sabedoria do mundo? O que diz sobre a sabedoria de Deus? Que aspectos de sua vida você precisa submeter à autoridade da sabedoria de Deus?

2. Pedro e Davi encontraram confiança e conforto na onisciência de Deus. Pense nas formas em que Deus tem lhe dado ambas as coisas. Você pode relacionar essas circunstâncias com a onisciência de Deus? Como Deus o trata? Como a lembrança desses fatos o ajudará nas lutas que você enfrentará no futuro?

Foco na Oração

Leia o Salmo 147.7-19 e faça dele sua oração de gratidão a Deus pelo que Ele tem feito por você.

Tarefa

Leia Isaías 40.12-31 e indique cada verso que se refere à onisciência de Deus. Que outros atributos você pode encontrar indicados nesses versos?

CAPÍTULO 5 - NOSSO DEUS ONIPRESENTE

Tema do Capítulo: Deus está com Seus filhos onde quer que eles estejam. Portanto, a adoração deles a Deus jamais deve ser limitada a determinado tempo ou espaço.

Quebra- gelo

1. Já houve um tempo em sua vida em você enfrentou grande perigo ou pensou que sua vida ou saúde pudessem ser ameaçadas de algum modo? Como você lidou com seu medo?

2. Você pode pensar em alguma ilustração moderna que possa expressar um aspecto da onipresença de Deus? Pense numa substância que encha um recipiente ou em algo que não esteja limitado pelo tempo ou espaço.

Perguntas para Descoberta em Grupo

1. Quais são as várias representações de Deus no mundo: no passado, presente e futuro?

2. Deus pode se tornar impuro através do contato com coisas impuras? Sim ou não? Por quê?

3. Visto que Deus é espírito e não pode ser confinado a lugar algum, como isso afeta nossa adoração a Ele?

4. O que Jesus estava predizendo quando disse: "Vem a hora e já chegou, em que os verdadeiros adoradores adorarão o Pai em espírito e em verdade?" (Jo 4.23).

5. Explique como a presença permanente de Deus em nossa vida pode trazer conforto aos que estão sofrendo.

6. Como a presença permanente de Deus em nossa vida nos motiva com relação ao nosso pecado?

7. Como a história de Habacuque fornece um exemplo claro sobre o mandamento de Paulo para não ficarmos ansiosos por coisa alguma?

8. Que princípio Habacuque aprendeu através de sua experiência?

Perguntas para Aplicação Pessoal
1. Após ter lido este capítulo, como sua perspectiva mudou em relação a quando e onde você pode adorar a Deus? Você pode pensar em algum momento ou local em que a comunhão com Deus seria inapropriada? Não se esqueça de usar o que você aprendeu para aprofundar seu relacionamento com o Senhor.

2. Como crentes, podemos ter a certeza de que Deus está conosco sempre que enfrentarmos qualquer provação ou tentação. Pense numa provação ou luta específica contra o pecado que você esteja enfrentando atualmente. Como uma maior percepção da presença de Deus o ajudaria a passar por essa provação ou resistir à tentação?

Foco na Oração
Filipenses 4.5-6 diz: "Perto está o Senhor. Não andeis ansiosos de coisa alguma". Coloque diante de Deus agora toda a ansiedade que você tiver em seu coração. Peça-Lhe para substituí-la pela certeza de que Ele está com você e que nunca o deixará nem desamparará.

Tarefa
No momento em que você acordar, comece, cada dia desta semana, dando reconhecimento a Deus. Antes de anoitecer, pense em algo específico pelo qual você deseja agradecer a Deus ou num atributo pelo qual possa louvá-Lo. Considere fazer disso uma prática para a vida toda.

CAPÍTULO 6 - NOSSO DEUS ONIPOTENTE

Tema do Capítulo: Deus é onipotente, o que significa que Ele tem a capacidade e o poder para fazer qualquer coisa. Seu poder é a fonte do nosso poder espiritual.

Quebra-gelo

1. Cite algumas pessoas ou coisas que demonstram grande poder. Qual delas você acredita ser a mais poderosa? Agora, tente imaginar algo que seja ainda mais poderoso do que isso. Mesmo assim, você nem chegou perto do incrível poder de Deus.

2. Reflita sobre algumas provações que você teve de suportar na vida. Como você lidou com elas? De que maneiras você acha que o poder de Deus estava agindo para ajudá-lo a enfrentá-las?

Perguntas para Descoberta em Grupo

1. O que a onipotência de Deus permite que Ele faça? Explique.

1. De que forma o poder de Deus é expresso na criação? O que aconteceria se Ele renunciasse ao seu poder sustentador?

2. Como Deus manifesta Seu poder na sua salvação?

3. Por que Jesus foi capaz de confessar abertamente a verdade sobre Seu senhorio, Sua identidade messiânica e Sua autoridade soberana?

5. Quais são os quatro aspectos em que o poder de Deus é a fonte de nosso poder espiritual?

6. O que os crentes do Antigo Testamento sabiam sobre a capacidade de Deus de ressuscitar os mortos?

7. Qual é a única resposta adequada ao poder de Deus?

Perguntas para Aplicação Pessoal

1. Leia Filipenses 1.6. Sabemos que Deus termina o que começa porque Ele tem poder para fazê-lo. Como essa verdade se relaciona com sua salvação e com seu consequente crescimento nEle? E com seu relacionamento com outros crentes, em especial, com suas preocupações sobre o crescimento espiritual deles? Mesmo que as coisas possam não estar progredindo como você gostaria, em que você deve confiar?

2. Reveja os aspectos nos quais o poder de Deus pode ser expresso em sua vida. Como você avalia o grau em que o poder de Deus se manifesta nesses aspectos de sua vida? Como o material deste capítulo mudou sua forma de ver o poder de Deus? De que formas concretas você pode permitir que esse poder revolucione as áreas de sua vida espiritual?

Foco na Oração
Agradeça a Deus pelo modo como Ele demonstrou seu poder na criação, salvação e ressurreição. Louve-O principalmente pela sua salvação. Agradeça-Lhe porque através do poder dEle, Ele completará a obra que começou em você e o levará à completa maturidade.

Tarefa
Para a próxima semana, medite sobre o poder de Deus, numa hora específica a cada dia. Comente este capítulo à medida que você meditar nele, de modo que você possa se lembrar de como Deus manifestou o Seu poder. No final da semana, registre seus pensamentos sobre como esse tempo de meditação mudou sua perspectiva com respeito a sua própria situação.

CAPÍTULO 7 - A IRA DE NOSSO DEUS

Tema do Capítulo: Deus é um Deus irado porque Ele odeia o pecado. É crucial que entendamos e apreciemos esse atributo ou não compreenderemos totalmente o amor de Deus.

Quebra-gelo
1. O que acontece quando você fica com raiva de alguma coisa? O que você faz? O que você sente? E o que você pensa sobre sua raiva? Com que frequência você atribui sua raiva à sua própria pecaminosidade?

2. Quais são algumas maneiras pelas quais a ira de Deus está sendo revelada hoje? Por outro lado, cite algumas coisas que estão acontecendo no mundo que o deixam surpreso por Deus ainda não tê-las julgado.

Perguntas para Descoberta em Grupo

1. Descreva um pouco do que as Escrituras dizem acerca da ira de Deus.

2. Qual é o grande benefício de se compreender o quanto Deus odeia o pecado?

3. Explique como a ira de Deus é diferente da raiva humana.

4. Em quais acontecimentos Deus já revelou Sua ira?

5. Como determinados termos hebraicos e gregos descrevem a reação santa de Deus com relação ao pecado?

6. Conforme Romanos 1.18, contra o que Deus desencadeia Sua ira? Explique.

7. Qual foi o pior crime já cometido no universo? Qual é a sua penalidade?

8. O que Nabucodonosor acreditava a respeito de si mesmo? Como Deus mudou a perspectiva dele?

Perguntas para Aplicação Pessoal

1. Como a realidade da ira de Deus motiva o seu testemunho por Cristo? Se você tem a tendência de ser relutante para comunicar o Evangelho com os descrentes que você conhece, pergunte a si mesmo: *Estou me concentrando mais em mim mesmo e em meus sentimentos do que no destino final daqueles que não conhecem a Cristo?* Deixe que as verdades deste capítulo o instiguem a pensar mais no reino de Deus e no papel que você tem nele.

2. Quantas vezes você se vê levando o crédito por algo favorável que aconteceu, quando na verdade, Deus é quem fez tudo — geralmente em resposta às suas orações? Liste alguns exemplos

específicos disso. Agora pense em como você se sentiria se você ajudasse alguém a sair de um problema, e ele recebesse o crédito por isso? Você pode começar a ver, numa escala bem menor, o que Deus tem que suportar com a humanidade. Faça o seu objetivo de cada dia dar glórias a Deus pelas coisas grandiosas que Ele tem feito.

Foco na Oração

Ore por aqueles que você sabe que estão "sem esperança e sem Deus no mundo" (Ef 2.12). Peça ao Senhor para lhe dar uma maior sensibilidade nas formas de abordá-los e no que dizer a eles. Peça-Lhe para torná-lo ousado, a fim de lhes informar a respeito da ira vindoura (cf. com Ef. 6.19).

Tarefa

Faça uma lista dos incrédulos que Deus colocou de forma especial em seu coração. Comece a criar estratégias sobre a melhor maneira de compartilhar o Evangelho com eles. Lembre-se que, embora você transmita os fatos do evangelho, a maneira como você o fará será diferente para cada pessoa.

CAPÍTULO 8 - A BONDADE DE NOSSO DEUS

Tema do Capítulo: Deus é bom; Ele oferece amor, misericórdia e graça a todos quantos estão presos nas garras do pecado. A bondade de Deus leva ao arrependimento, fazendo com que ansiemos por Ele e sejamos gratos por tudo o que Ele faz.

Quebra-gelo

1. De que maneiras específicas você é abençoado por Deus? Quantas dessas bênçãos você considera automaticamente como normais? Você seria incapaz de viver sem quais delas?

2. Que tipo de coisa pode romper os laços de amor entre os indivíduos? Dê alguns exemplos de momentos em que você experimentou pessoalmente ou testemunhou esse rompimento.

Perguntas para Descoberta em Grupo
1. Dê uma definição da bondade de Deus.
2. Explique como cada indivíduo experimenta pessoalmente a bondade de Deus.
3. Por que Deus é paciente ao deter Seu julgamento sobre a pecaminosidade da humanidade?
4. Qual é a suprema expressão da bondade de Deus?
5. Descreva o que Cristo sofreu em Seu flagelo e crucificação.
6. Por que Deus permitiu que Seu Filho morresse na cruz?
7. Como Paulo responde à pergunta: o que pode fazer com que Cristo deixe de amá-lo? Explique.

Perguntas para Aplicação Pessoal
1. Que tipo de resposta a bondade de Deus produziu em sua vida? Examine sua vida e identifique as circunstâncias óbvias em que você viu a bondade de Deus em ação. Depois, pense nos diversos tipos de pecado que você cometeu. Você é consistentemente grato pelo que Ele fez por você, por satisfazer suas necessidades e também perdoar o seu pecado? Desenvolva a perspectiva de que tudo o que você tem é resultado da bondade de Deus. Comprometa-se a memorizar Tiago 1.17 para ajudá-lo nesse esforço.
2. Leia Romanos 5.5-11. Separe todas as frases referentes à bondade de Deus. Quantas delas, seja de forma direta ou indireta, referem-se à morte de Cristo na cruz? Quantas vezes você medita sobre o que Ele sofreu no Calvário? Diariamente? Semanalmente? Mensalmente? Visto que o sacrifício de Cristo em seu lugar é a maior expressão da bondade de Deus, quantas vezes você acha que deveria

contemplá-lo? Não se esqueça de agradecer a Deus diariamente pelo Seu plano de salvação e por escolhê-lo para ser Seu filho.

Foco na Oração

Agradeça a Deus agora por enviar Cristo para morrer em seu lugar, pagando a condenação que todos os seus pecados merecem. Agradeça a Cristo por ser o Seu mediador no céu, onde Ele se assenta à destra de Deus, intercedendo continuamente por você. Enfim, agradeça a Deus por garantir a consequência final de sua salvação — sua glorificação final no céu.

Tarefa

Leia Isaías 53. Quais versículos descrevem os tipos de sacrifício que Cristo fez por nós? Qual deles demonstra o Seu sacrifício supremo realizado pelos pecadores? Com suas próprias palavras, descreva o que isso revela sobre a bondade de Deus para com Seu povo.

CAPÍTULO 9 - NOSSO DEUS SOBERANO

Tema do Capítulo: Deus é soberano — Ele faz tudo como Lhe apraz. Nenhuma pessoa ou circunstância pode impedir Seus desígnios ou frustrar Seus propósitos.

Quebra-gelo

1. Relate as circunstâncias de sua conversão a Jesus Cristo. De que forma você vê a soberania de Deus em ação, levando-o a entregar sua vida a Ele?

2. Quais acontecimentos ou circunstâncias você considerou ruins em sua vida, mas que, na verdade, Deus utilizou para o seu bem? Descreva os resultados benéficos em cada circunstância.

Perguntas para Descoberta em Grupo
1. Defina o que significa dizer que Deus é soberano.
2. Quais são os três sentidos teológicos nos quais Deus elege as pessoas? Descreva cada um deles.
3. Quando e por que Deus escolheu determinadas pessoas para a salvação?
4. Que coisas boas Deus utiliza para o nosso benefício espiritual?
5. Como Deus usa o sofrimento em nossas vidas para contribuir para o nosso bem?
6. Como a tentação pode contribuir para o nosso benefício espiritual?
7. Como Deus pode usar o pecado e toda a sua perversidade para o nosso bem supremo?

Perguntas para Aplicação Pessoal
1. Uma vez que os atributos de Deus e Sua Palavra cooperam para o nosso bem, pense em como você pode tirar proveito disso. Por exemplo, se você sentir que é fraco demais para lidar com determinada situação, como você pode se apropriar do poder de Deus? Se você sentir que está se desviando da obediência a Deus, conforme você já fez antes, considere como você pode utilizar a Palavra de Deus para ajudá-lo a ser mais obediente. Certamente, sua boa vontade para ser humilde e a percepção de que precisa de ajuda é o primeiro passo para isso. Mas para apropriar-se, de fato, daquilo que Deus colocou à sua disposição, você deve ter mais intimidade com o próprio Deus. Deixe que Ele lhe mostre como usar o que Ele tem lhe dado à medida que você tem comunhão com Ele pela oração e pelo estudo de Sua Palavra.

2. Aprendemos que Deus geralmente usa o sofrimento na vida dos crentes para o seu bem supremo. Reflita sobre como Deus

tem utilizado o sofrimento em sua própria vida. Qual tem sido sua resposta habitual a esse sofrimento? Você tem a tendência de menosprezar a Deus ou você é paciente, sabendo que Deus está agindo nas circunstâncias para o seu bem? Com um coração confiante, comece a cultivar uma atitude que anseia pelo bem que Deus fará a você através do sofrimento. Reveja a seção deste capítulo acerca do sofrimento e anote as coisas que Deus realizará por meio de tudo o que você tiver que suportar. Esteja pronto para identificar o que Deus está fazendo em sua vida.

Foco na Oração

Agradeça a Deus por Sua devoção consistente e imutável para agir em sua vida para o seu benefício supremo. Agradeça-Lhe por todos os dias nos quais Ele o molda continuamente a fim de que você se torne cada vez mais semelhante a Cristo. Peça para que Ele o ajude a ser mais sensível à liderança dEle a cada dia.

Tarefa

Para a próxima semana, faça uma lista de acontecimentos, circunstâncias ou provações com as quais você se depara e sobre as quais você não tem controle algum. Consulte sua lista a cada dia para ver como esse acontecimento pode estar lhe moldando, seja física, mental ou espiritualmente. Certifique-se de honrar Deus à medida que você vir essas coisas cooperando para o seu bem.

CAPÍTULO 10 – DEUS, NOSSO PAI

Tema do Capítulo: Mais do que qualquer outro conceito sobre Deus, Jesus enfatizou o papel de Deus como Seu Pai. E, assim como Jesus tem uma relação íntima com Deus Pai, todos os que foram adotados na família dEle também o têm.

Quebra-gelo

1. Descreva o seu relacionamento humano mais íntimo. Qual característica desse relacionamento não é própria de nenhum outro relacionamento seu?

2. De que maneiras você vê Deus como seu Pai Celestial? Que características de seu relacionamento com o seu pai terreno você encontra em seu relacionamento com Deus? Que aspectos são exclusivos do seu relacionamento com Deus?

Perguntas para Descoberta em Grupo

1. Quem conhece a Deus melhor do que ninguém? Por quê?

2. Explique um caso evidente no qual as Escrituras consideram que Deus e Cristo são um.

3. Qual foi a alegria que motivou Cristo a suportar a cruz? Seja específico.

4. Qual é o significado da adoção do crente na família de Deus?

5. O que acabou convencendo o filho pródigo de sua necessidade de retornar à casa de seu pai?

6. Que características de Deus você vê representadas pelo pai do filho pródigo?

7. De que forma o amor de Deus por nós não é menor do que o amor que Ele tem por Seu Filho?

Perguntas para Aplicação Pessoal

1. A presença do Espírito Santo em seu coração lhe permite se apresentar diante de Deus sem medo de punição. Isso o torna capaz de ter uma profunda comunhão com o Pai. Pense nas várias maneiras em que um pai cuida de seu filho (por exemplo, oferecendo orientações e demonstrando amor). Da mesma forma, Deus deseja demonstrar cuidado paternal por você. Você Lhe dá oportunidade

para fazer isso? Você compartilha com Ele as coisas mais profundas de seu coração e mente? Você pede a Ele sabedoria e conforto em meio às provações? O que você pode fazer para tornar seu relacionamento com o Pai naquilo que ele deve ser? Comprometa-se a desenvolver um relacionamento mais profundo e significativo com seu Pai Celestial.

2. Reveja a Parábola do Filho Pródigo. Nessa parábola, o que você pode aprender sobre o arrependimento? Existe algo que poderia impedir que você se arrependesse de seu pecado? Como o seu Pai Celestial o recebe quando você se encontra com Ele com um coração arrependido? Lembre-se dessa parábola quando você for tentado a não tratar do seu pecado por temer a forma como Deus o tratará.

Foco na Oração

Leia o Salmo 139.23-24 e peça a Deus para revelar os pecados ocultos do seu coração. À medida que Ele responder sua oração, não tenha medo de ir a Ele e de se arrepender de tudo quanto Ele lhe revelar. Peça para que Ele o ajude a fortalecer sua determinação contra os pecados aos quais você é mais suscetível.

Tarefa

Reveja os atributos destacados neste livro. Registre cada um deles e, ao lado de cada um, indique como você pode refletir melhor esse atributo para um mundo que o está observando.

CAPÍTULO 11 - A GLÓRIA DE NOSSO DEUS

Tema do Capítulo: A glória de Deus é simplesmente a soma de quem Ele é — a soma de Seus atributos e de Sua natureza divina.

Quebra-gelo

1. Como crente, o que você pode fazer para glorificar a Deus? Quantas dessas coisas você faz de modo consistente?

2. Descreva uma testemunha ocular. Por que é provável que você acredite numa testemunha ocular?

Perguntas para Descoberta em Grupo

1. Por que a manifestação visível de Deus a Adão e Eva foi apenas temporária?

2. Como Deus realizou o pedido de Moisés para ver a Sua glória?

3. O que aconteceu com o rosto de Moisés após ver a glória de Deus? Essa era uma condição permanente? Explique.

4. Por que Deus queria que os israelitas mantivessem o tabernáculo no centro de seu acampamento?

5. Explique o termo *Icabode* e o que ele significava para a nação de Israel.

6. Por que as pessoas não viam a glória de Deus à medida que Jesus andava nesta Terra? Por que Jesus deu a alguns de seus discípulos uma oportunidade para ver a Sua glória?

7. Onde a glória de Deus é demonstrada atualmente? Explique.

8. Como Deus revelará Sua glória no futuro?

Perguntas para Aplicação Pessoal

1. Os discípulos ficaram desanimados quando Cristo lhes falou sobre as exigências do discipulado (Mt 16.24-26). O mesmo pode ser verdadeiro em nosso caso. Mas a promessa de Cristo, em Mateus 16.27, de voltar novamente, na glória de Seu Pai, serve para encorajar tanto a nós como aos discípulos. Para começar a desenvolver uma melhor percepção acerca da volta de Cristo,

veja os seguintes versículos: Mateus 24.29-31, Filipenses 3.20-21, 1 Tessalonicenses 4.15-17, 1 João 3.2-3 e Apocalipse 1.9-20. Anote todas as suas observações a respeito de como será esse tempo. Medite nessas coisas e desenvolva uma imagem mental da glória vindoura. Escolha o versículo mais significativo para você e memorize-o para futuros momentos de desânimo.

2. Primeira aos Coríntios 10.31 afirma que tudo o que fazemos na vida deve ser feito para a glória de Deus. O quanto daquilo que você faz é realmente definido por esse mandamento? Qual é a sua motivação habitual para aquilo que você faz? Comece a enxergar tudo o que você faz e cada decisão que você toma através do potencial que isso tem para glorificar a Deus.

Foco na Oração

Agradeça a Deus pela oportunidade que Ele lhe deu de glorificá-Lo. Peça a Deus que lhe mostre algumas maneiras específicas em que você possa glorificá-Lo com suas ações. Agradeça-Lhe também pela glória que você experimentará quando estiver com Cristo no céu.

Tarefa

Como um lembrete constante de qual é seu dever para com Deus, memorize o Salmo 100, um salmo curto, que nos exorta a louvar a Deus por tudo que Ele tem feito por nós.

CAPÍTULO 12 – A ADORAÇÃO AO NOSSO DEUS

Tema do Capítulo: A adoração a Deus e a Seu Filho Jesus Cristo é central na vida do cristão. O objetivo da salvação é produzir verdadeiros adoradores, e nós cumprimos esse papel quando adoramos a Deus em espírito e em verdade.

Quebra-gelo

1. Quando você quer conhecer alguém melhor, o que você precisa fazer? Mais especificamente, o que essa pessoa precisa perceber em relação ao modo como você a considera? Como isso se aplica a Deus?

2. Em que tipos de ministério você está envolvido em sua igreja? Quanto tempo eles consomem? Quanto tempo você gasta em atividades de lazer — em coisas que, se você fosse realmente analisar, não têm valor espiritual?

Perguntas para Descoberta em Grupo

1. Defina a adoração cristã.
2. Quem é o objeto da nossa adoração? Explique.
3. Qual é a principal razão pela qual Deus redime as pessoas?
4. Como você pode começar a centralizar os seus pensamentos em Deus? O que você deve fazer para cultivar esse tipo de pensamento?
5. Como a ação de Maria, de lavar os pés de Jesus com seu cabelo e com um perfume caro, simboliza a adoração?
6. Contraste a adoração com o ministério.
7. Como os sacerdotes da época de Malaquias desonravam a Deus por meio de suas práticas religiosas?
8. O que você deve fazer para se preparar para adorar a Deus?

Perguntas para Aplicação Pessoal

1. Para cultivar um coração mais adorador, comece separando uma parte do seu tempo de devocional diário para meditar sobre uma verdade que você descobriu na Palavra de Deus. Auxilie o processo observando outros versos que expandam essa verdade. Não se esqueça de levar em oração aquilo que você aprendeu, pedindo a Deus para lhe mostrar a melhor forma de aplicá-lo.

2. O tempo que você reservou para a adoração e o ministério se parece mais com o uso que Marta ou Maria fez do tempo? A tendência da maioria de nós é errar para o lado de Marta. Separe um momento para analisar quanto tempo você gasta no ministério. Ele está em equilíbrio com o tempo que você gasta em comunhão íntima com Deus? Quais são os possíveis perigos de se sobrecarregar sozinho no ministério? O que pode acontecer se você estiver fora de equilíbrio em relação ao extremo oposto? Certifique-se, à medida que você ministra, de que você está ministrando como resultado da liderança de Deus levando-o a exercer os seus dons com base no seu tempo pessoal com Ele e no estudo de Sua Palavra.

Foco na Oração

A única maneira de podermos adorar a Deus verdadeiramente é tendo certeza de que nossas motivações estão corretas e que não há pecado não confessado em nossa vida. Curve-se diante de Deus agora mesmo e peça-Lhe que revele as verdadeiras motivações do seu coração. Se você tiver motivações erradas e se houver algum pecado ao qual você esteja apegado, confesse-os a Deus neste momento. Peça a Deus para ajudá-lo a estar sinceramente arrependido dessas coisas, o que significa estar disposto a nunca fazê-las novamente.

Tarefa

O objetivo deste livro tem sido levá-lo para mais perto de Deus, de modo que sua adoração a Ele seja verdadeira e correta, por todas as razões corretas. Faça uma cópia da lista dos quatro pontos que você deve checar no final deste capítulo. Mantenha-a em sua Bíblia. Antes de gastar tempo com Deus, reveja essa lista até que a sinceridade, a fidelidade, a humildade e a pureza se tornem as motivações automáticas de seu coração.

FIEL
MINISTÉRIO

O Ministério Fiel tem como propósito servir a Deus através do serviço ao povo de Deus, a Igreja.

Em nosso site, na internet, disponibilizamos centenas de recursos gratuitos, como vídeos de pregações e conferências, artigos, e-books, livros em áudio, blog e muito mais.

Oferecemos ao nosso leitor materiais que, cremos, serão de grande proveito para sua edificação, instrução e crescimento espiritual.

Assine também nosso informativo e faça parte da comunidade Fiel. Através do informativo, você terá acesso a vários materiais gratuitos e promoções especiais exclusivos para quem faz parte de nossa comunidade.

Visite nosso website

www.ministeriofiel.com.br

e faça parte da comunidade Fiel

Esta obra foi composta em Chaparral Pro Regular 10.9, e impressa na Promove Artes Gráficas sobre o papel Pólen Natural 70g/m², para Editora Fiel, em Julho de 2022.